El Ministrar con los Ángeles

Por Paul David Harrison

© 2001 por Paul David Harrison

Messengers of His Kingdom
P.O. Box 833351
Richardson, TX 75080

Ministering with Angels (versión en inglés) - Primera impresión, junio 2001
El Ministrar con los Ángeles (en español) - Primera impresión mayo 2002
Servir avec les Anges (en francés) - Primera impresión agosto 2004

Impreso en los Estados Unidos de América. Todos los derechos están reservados bajo la Ley Internacional de la obra literaria. Ninguna parte de esta publicación puede reproducirse, guardarse en un sistema electrónico, o transmitido en ninguna forma o por ningún medio – por ejemplo: electrónico, fotocopias, grabaciones – sin el previo permiso escrito del editor. La única excepción es una breve cita para publicidad de las revisiones impresas.

ISBN #0-9712249-0-0 – English
ISBN #0-9720681-0-4 – Español
ISBN #1-932710-22-1 – Français

Traducción al español por Lucero Alatriste y Shari Bowman y Raquel Fernandez
Diseño de la cubierta del libro por Fabián Arroyo

A menos que sean anotadas, las citas de la Escritura son de la Santa Biblia autorizada en la Versión de King James, Revisión de 1960 Publicada por Colman, Bible Publishers.

Dedicatoria

*A Dios, mi divino Padre,
por la pasión que Él ha puesto en mí para buscar
Su corazón.*

*A Jesucristo, Hijo de Dios, Principal Intercesor,
por los regalos de intercesión que Él me ha dado.*

*Al Espíritu Santo, mi Consolador y Guía,
por revelarme el ministrar de los ángeles.*

Índice

Introducción	¿POR QUÉ AHORA?	1
Capítulo 1	LA TRANSFORMACIÓN	5
Capítulo 2	UN VIAJE A PENSACOLA	11
Capítulo 3	UN LLAMADO A ORAR	21
Capítulo 4	DIVERSOS GÉNEROS DE LENGUAS	27
Capítulo 5	BIENVENIDA A LOS ÁNGELES	35
Capítulo 6	MINISTRANDO CON LOS ÁNGELES	45
Capítulo 7	SOMETIÉNDOSE A LA AUTORIDAD	65
Capítulo 8	ENTRANDO EN EL REINO DEL ESPÍRITU	73
Capítulo 9	PARTICIPANDO EN LA LUCHA	83
Capítulo 10	LA IMPORTANCIA DEL DISCERNIMIENTO	95
Capítulo 11	LAS ACTIVACIONES ANGELICALES	101
Capítulo 12	ESTIMANDO EL COSTO	111
Capítulo 13	¿UN SERVICIO "TÍPICO"?	115
Capítulo 14	PALABRAS PROFÉTICAS	119

Agradecimientos

Primero y el más importante, este libro ha sido inspirado por mi amado Señor, quien me extendió Su misericordia y gracia y me dio una segunda oportunidad. Gracias Jesús.

El reconocer a todos los que han tocado mi vida sería imposible. Gracias a todos, especialmente a los líderes y miembros de The Father's Church quienes han dedicado sus vidas para servir al Señor con un fervor, que me asombra continuamente.

Hay otras personas, sin las cuales, este libro nunca se hubiese escrito.

Mi maravillosa esposa Joy, quien es en realidad una verdadera compañera en el ministerio y a los tres más maravillosos hijos en el mundo, Andrea, Aarón y April.

A nuestros padres, Don y Nelda Harrison y Wes y Karen Burns, quienes nos han amado, ayudado y orado por nosotros.

A Judy Vineyard, nuestra querida editora principal, quien trabajó por muchas horas enseñándonos las formas de escribir un libro mientras que, gentil y constantemente nos ofrecía café y pastelitos. Lana Bateman, Karen Burns, Jaine Burns y Carolee Welch quienes revisaron y editaron este libro. Gracias a ustedes por su amistad y su labor de amor.

A los estudiantes de Ministers in Training los cuales me enseñaron más de lo que yo les enseñé. Gracias por confiar en el Señor, lo suficiente para caminar valientemente en la fe. Algunos de los encuentros personales con los ángeles que se mencionan en este libro, son de ellos.

A Lucero Alatriste por la milagrosa traducción al español de este libro para hacer el proyecto de español una realidad. A Sylvia García por su constancia en llevar la verdad de este mensaje a su querido México y a Eva Martínez por su siempre humilde y efectiva oración. A Shari Boman, por sus esfuerzos en revisar la versión española. Y finalmente a Raquel Fernandez, quien trabajaba sin cansancio para producir esta transcripción final.

Finalmente, gracias a mi querido amigo y Pastor, Ron Crawford. Sus oraciones, su estímulo y ejemplo han sido la base para este proyecto. Usted ha guardado la fe y su sentido del humor a pesar de los increíbles desafíos que hemos afrontado.

El Señor verdaderamente me ha bendecido al rodearme con Sus intercesores y santos.

Gracias a todos.
Pastor Paul

Prefacio

La mayoría de los cristianos atestiguarán el hecho de que los ángeles existen. La Biblia está llena de ejemplos de actividades angelicales y de su intervención en nombre de las personas y del trabajo con Dios. Cuando se presenta el tema de qué es lo que los ángeles están haciendo ahora, se produce un inquietante silencio.

Paul Harrison trae la luz a la realidad de que los ángeles son una entidad muy verdadera, y de que intensamente siguen existiendo en el marco de cómo Dios trata Su trabajo y a Su gente. ***"El Ministrar con los Ángeles*** es el libro más iluminado y profundo en un tema del que el creyente necesita saber más. En estas últimas horas, Dios ha ordenado una íntima relación entre Sus hijos y Sus mensajeros angelicales.

El mundo está perfectamente enterado de la existencia angelical. La etapa para la revelación del anticristo se está construyendo rápidamente, y miles de personas en el mundo están siendo endoctrinadas con enseñanzas y puntos de vista endemoniados en lo que concierne a las cosas del mundo espiritual.

Sin embargo, un gran segmento de la iglesia posee un punto de vista inocente, quizás simple, del mundo espiritual. Este libro hará que se abran los ojos de quienes han creído en la Biblia, pero que no han conocido el poder de los mensajeros que llenan un tan prominente papel en estas páginas. En la actualidad, la gente de Dios no puede permitirse ser dichosamente ignorante. ***"El Ministrar con los Ángeles"*** nos otorga el privilegio de estar mejor informados, y subsecuentemente, mejor preparados para nuestra tarea en estos tiempos finales.

Permítanme ustedes ofrecerles una palabra de seguridad con respecto al autor de este libro. He conocido a Paul Harrison por más de una década en la que él ha servido fielmente como parte de mi Personal Pastoral.

Si alguna vez ha habido un hombre el cual ejemplifica un estándar para ministrar, ese es Paul. Él fue criado en un sólido ambiente cristiano, se graduó de una acreditada universidad Bíblica, sirviendo pastoralmente en una iglesia mientras fiel y amorosamente ha estado formado a su familia. Verdaderamente este hombre ha sido conocido entre nosotros.

Frecuentemente se oye que es de sabios considerar la fuente. Dentro de nuestro actual ambiente mundial, especialmente con respecto a temas relacionados con los ángeles y los demonios, es de gran importancia considerar las fuentes de donde procede la información.

Déme usted la oportunidad de validar esta fuente. Paul Harrison ama a Dios, y es un hombre de constante intercesión. Por muchos, muchos años él ha sido conocido entre una respetable congregación de creyentes.

Estamos al final de los tiempos. Usted podrá con confianza y oración considerar las revelaciones y profundidades encontradas en este libro. Usted necesitará esta información en los días que se nos avecinan.

Pastor Mayoritario Ronald W. Crawford,
The Father's Church, Dallas, Texas, E.E.U.U.

Introducción

¿POR QUÉ AHORA?

"Bienaventurado el que lee, y los que oyen las palabras de esta profecía, y guardan las cosas en ella escritas; porque el tiempo está cerca."

-- Apocalipsis 1:3

Los cristianos de hoy estamos viviendo en el más excitante tiempo de la historia. Nuestra sociedad tiene capacidades tecnológicas que hacen titubear la mente. La vida se está moviendo a un paso acelerado. Si usted no hace el esfuerzo de aprender y mantenerse informado de los avances en el mundo electrónico, usted podrá encontrarse rascándose la cabeza y preocupadamente preguntándose, "¿Por qué me encuentro tan atrasado?"

Estos son los últimos días y el reino de Dios se está revelando exponencialmente. Muchos de nosotros estamos recibiendo sueños y visiones de los eventos por venir. El Espíritu Santo nos está dando nuevas revelaciones de la Palabra de Dios y una más profunda revelación dentro de las Escrituras cuando que por el pasado fueron interpretadas y enseñadas con un alcance limitado de entendimiento.

Me gustaría compartir con usted, una de las áreas en las cuales Dios, en Su Gracia y Misericordia, apenas está desgarrando el velo y permitiéndonos ver con más claridad. Esta área de reciente revelación trata del ministrar con los ángeles, al estar ellos cooperando con "los creyentes nacidos de nuevo" para satisfacer los propósitos que Dios tiene en la tierra.

Hay muchos libros que comparten historias increíbles de ángeles que han salvado vidas y han protegido a las personas de circunstancias potencialmente catastróficas. Este libro toma un punto de vista diferente, ve el ministrar angelical como algo que Dios está poniendo a disposición de Sus hijos, hoy en día. Los eventos y las revelaciones compartidas en este libro se alinean exactamente con las explicaciones Bíblicas de lo angelical.

Nuestra sociedad está infatuada con los ángeles. De hecho, muchas películas recientes de Hollywood exploran la existencia de los ángeles y sus interacciones con los humanos. Casi cada noche de la semana hay programas de televisión en los cuales se representan inexactamente el ministrar de los ángeles. Este punto de vista del mundo es una decepción dirigida por Satanás. Satanás, el príncipe de este mundo, está por delante de la iglesia en sus explicaciones de la realidad sobrenatural, y él ha desviado la verdad para sus propios propósitos. Él tiene una gran ventaja sobre la humanidad en el entendimiento del mudo espiritual. Después de todo, Satanás es un espíritu y vive y opera en el mudo espiritual. Mientras que el espíritu del hombre vive y funciona en el cuerpo y en el alma, viviendo dentro del reino de lo físico. Satanás sabe la verdad, pero enseña la mentira. Satanás es un falsificador. Él se ha robado las cosas que Dios ha creado y las ha pervertido.

Dios, en este tiempo de la historia, ha empezado a propósito a revelar muchos de los misterios de Su reino a la iglesia. Uno de los misterios del mudo espiritual es Su propósito para que los ángeles ministren con la humanidad. Recordemos cuando Jesús dijo en San Juan 18:36, *"Mi reino no es de este mundo...mi reino no es de aquí."* El reino de Jesús es espiritual y los misterios de Su reino son verdades espirituales, muchas de las cuales han estado ocultas hasta el fin de los tiempos. El reto, cuando Dios nos revela estos misterios, es poner a un lado nuestras ideas preconcebidas y permitir que Dios fortalezca nuestra fe.

¿POR QUÉ AHORA?

Este libro es el resultado de mi intensa búsqueda de Dios. Mi búsqueda por saber la verdad, para que ya no sea nunca más engañado por las decepciones de Satanás, y más importante aún, mi disgusto con simplemente "jugar a la iglesita", me propulsó a buscar a Dios. Como usted lo descubrirá pronto, cuando su propósito sea el de encontrar la presencia de Dios cada día, Su reino vendrá.

Así que, ¿porqué otro libro acerca de los ángeles? Créame, no era parte de mi plan. Yo simplemente estoy obedeciendo a Dios. Un día Él me dirigió "Pon esta revelación en un libro". En las siguientes páginas, he tratado de compartir lo que Dios me ha revelado. Como el Apóstol Juan dijo en el Apocalípsis, "el tiempo esta cerca".

El Ministrar con los Ángeles

Capítulo 1

LA TRANSFORMACIÓN

"Un nuevo corazón os daré, y pondré un nuevo espíritu dentro de vosotros, y quitaré de vuestra carne el corazón de piedra, y os daré un corazón de carne."
-- Ezequiel 36:26

En otro tiempo, era yo un cristiano común y corriente. Crecí en un maravilloso hogar cristiano donde fui amablemente protegido de muchas influencias malvadas. La iglesia siempre fue parte de mi vida. Así que, si usted quizás sea un cristiano "común y corriente", entenderá que nada en mi educación me preparó para el encuentro que estoy a punto de compartir con usted.

Aunque me gradué en una universidad Bíblica y tomé muchos cursos para el post graduado, nada de lo que me habían enseñado me preparó para tratar con lo que Dios estaba a punto de revelarme. Absolutamente, por accidente, descubrí la realidad de Dios. Cuando digo la "realidad de Dios", no estoy hablando de la realidad con la que la mayoría de las personas están familiarizadas en la cristiandad tradicional. Estoy hablando acerca de conocer a Dios mejor que como yo conozco a mi esposa, a mi familia o mi propia persona. Caminando diariamente en un lugar donde Su perspectiva es más importante que ninguna otra persona. Donde solamente la perspectiva de Dios es importante.

El Ministrar con los Ángeles

Lo ve usted, Dios <u>consiguió conquistarme.</u> Querido amigo, lo que yo quiero para usted es que venga usted a ese lugar de conocer a Dios, un lugar donde Dios pueda <u>conquistarle a usted,</u> también. La llave es la desesperación. Cuando yo me volví lo bastante desesperado por perseguir la realidad de la presencia viviente de Dios en mí, mi vida tomó un cambio drástico. Aprendí que nuestra carencia de la búsqueda de Dios, indica todo lo fácilmente que estamos satisfechos en nuestras vidas, sin la verdadera realidad de Dios. Cuando decidimos ir detrás de Dios, Él responde viniendo fuertemente a por nosotros.

"Con mi voz clamé a Jehová, Y Él me respondió desde su monte santo.. Selah." -- *Salmos 3:4*

"Acercaos a Dios, y Él se acercará a vosotros"
-- *Santiago 4:8a*

Si usted no está desesperado, lo que está a punto de leer quizás no tenga un efecto positivo en su consciente espiritual. Por el otro lado, si usted está listo para dejar todo – y yo quiero decir todo – prepárese porque Dios lo va ayudar a hacer "saltos quántum" en su camino espiritual. Como al Apóstol Pablo en el camino a Damasco, estos "saltos" solamente vienen a través de una revelación del cielo.

"Cuando a mediodía, oh rey, yendo por el camino, ví una luz del cielo que sobrepasaba el resplandor del sol, la cual me rodeó a mí y a los que iban conmigo. Y habiendo caído todos nosotros en tierra, oí una voz que me hablaba, y decía en lengua hebrea: Saulo, Saulo, ¿por qué me persigues? Dura cosa te es dar coces contra el aguijón. Yo entonces dije: ¿Quién eres, Señor? Y el Señor dijo: Yo soy Jesús, a quien tú persigues. Pero levántate, y ponte sobre tus pies; porque para eso he aparecido a ti, para ponerte por ministro y testigo de las cosas que has visto, y de aquellas en que me apareceré a ti, librándote de tu pueblo, y de los gentiles a los quienes ahora te envió, para que abras sus ojos, para que se conviertan de las tinieblas a la luz, y de la

LA TRANSFORMACIÓN

potestad de Satanás a Dios; para que reciban, por la fe que es en mi, perdón de pecados y herencia entre los santificados."

-- Hechos 26:13-18

Dios está quitando el velo de muchas revelaciones en estos últimos días. Él está quitando todos los obstáculos, y abriendo Su reino como nunca antes. Él está haciendo disponible para Sus hijos todos los recursos posibles. ¿Por qué? Para preparar a la iglesia para lo que viene. Primero, yo sé que los días grandiosos de la iglesia están por venir muy pronto y que millones de almas van a nacer dentro del reino de Dios – a nacer dentro de un porcentaje increíble. Segundo, el Señor quiere conseguir que la iglesia esté preparada para el más vicioso impacto de las fuerzas demoníacas que el mundo jamás haya experimentado. Finalmente, yo sé que Dios logrará Sus propósitos si los hombres y mujeres como usted y yo nos alineamos con lo que Él está haciendo. Solamente, nosotros podremos hacer eso cuando conozcamos a Dios y nos asociemos con Él para que esos propósitos se realicen aquí en la tierra.

PERMÍTAME USTED COMENZAR MI HISTORIA

Permítame usted comenzar mi historia. Dios empezó a hacerme una pregunta: ¿Quién es tú mejor amigo? En aquella época, no era un problema mental. No había otro humano en este planeta más cercano a mí que mi esposa Joy. Nosotros somos una de esas raras parejas quienes fuimos novios desde la preparatoria, nos casamos y hemos permanecidos casados. Nosotros nos amamos uno a otro profundamente. Sé lo que usted está pensando, "Y ¿qué sobre el Señor? ¿No debería ser Él el número uno?" Tuve que hacer frente a la realidad de que el Señor NO era mi mejor amigo.

Así pues, ¿cuál sería la contestación el día de hoy? La contestación, otra vez, no es un problema mental. No hay pregunta, no hay ninguna duda. Ahora, el Señor es mi amigo más querido. Es una amistad que está llena de energía por una pasión de estar en Su presencia cada momento de cada día. No estoy hablando acerca de una realización cognoscitiva de Dios, estoy hablando acerca de una relación experimental.

¿Cómo llegué de allá a aquí? Descubrí la oración y la intercesión. Soy un adicto y esto se ha convertido en mi vida. Estoy absorbido con Dios. Mi futuro ya no es mi preocupación. Todos mis planes, sueños y esperanzas los he puesto a un lado. Ya no me importa lo que yo antes quería. Hoy, los únicos planes que tengo para el futuro son aquellos que me son revelados por el Espíritu Santo. Lo que en mi pensamiento, podría haber parecido lógico o apropiado, ya no es una consideración. No puedo vivir, tampoco quiero vivir, sin continuamente estar morando en una constante comunión con el Señor.

La vida no gira más alrededor de la familia o inclusive del ministerio, gira alrededor del Señor. Las prioridades de Dios se han convertido en las mías. ¡Sin excepciones! Nuestra familia ha hecho muchos ajustes para permitir este giro completo. Mi esposa ha tenido que volver a conocer "al nuevo hombre en su vida". Las casas, los automóviles, las cosas materiales e incluso los planes futuros ya no ejercen ninguna influencia en nuestro compromiso con Dios. Mi pasión es por el Señor. Dios es tan fiel, cuando Él me cambió a mí, al mismo tiempo atrajo a mi familia. No solamente a mi esposa, pero también a nuestros tres adolescentes, los cuales también están buscando intensamente a Dios. Recuerden lo que las Escrituras prometen,

> *"No os afanéis, pues, diciendo, ¿Qué comeremos, o que beberemos, o que vestiremos? Porque los gentiles buscan todas estas cosas; pero vuestro Padre celestial sabe que tenéis necesidad de todas estas cosas. Más buscad primeramente el reino de Dios y su justicia; y todas estas cosas os serán añadidas."*
>
> *-- San Mateo 6:31-33*

LA TRANSFORMACIÓN

No era yo el único desesperado por Dios. Nuestro señor pastor también estaba tan desesperado como yo, quizás inclusive más de lo que yo estaba. Esto era contagioso y muy pronto muchos en nuestra congregación estaban buscando a Dios con todos sus corazones y Dios cambió a nuestra iglesia. Nuestra iglesia, ya no es más, un grupo de individuos con diferentes intereses que sólo están reunidos para adorar juntos para después retirarse en nuestros caminos propios y separados. Somos un grupo de discípulos de esencia, los cuales tenemos como enfoque más importante en nuestras vidas: nuestra devoción a nuestro Señor Jesucristo. Todos nosotros tenemos diferentes ocupaciones y diferentes situaciones en nuestras vidas, pero somos uno. Quizá usted está pensando "yo puedo servir a Dios y no tiene Dios que hacer temblar mi vida." Por favor, si usted no oye nada más, oiga esto: ¡si usted quiere tener encuentros con Dios y convertirse en uno de Sus amigos, su vida temblará!

La mayoría de los potencialmente mejores años de mi vida los perdí en MI PERSONA. También desperdicié muchos años de mi ministerio. Mi deseo era el de proveer el mejor ministerio posible para aquellos a quienes estaba sirviendo y era uno de los ministros más ocupados que usted hubiese podido encontrar en ese tiempo. Sin embargo tuve que aprender - de una forma muy dura - que Dios no está buscando ministros ocupados, tampoco Él está buscando empleados. Dios está buscando a amigos íntimos. Eso es todo acerca de empezar a conocer a Dios.

¿Qué es lo que este nuevo encuentro de intimidad con Dios tiene que ver con el ¿*"Ministrar con los Ángeles"*? Tiene todo que ver. Todas las revelaciones que nuestra iglesia y nuestro personal han tenido el privilegio de recibir, incluyendo las revelaciones del ministrar con los ángeles, nacieron de una constante relación íntima con el Señor. Es una intercesión constante de grupo corporativo[1] e individual que ha

---

[1] Nota de la traductora: "Grupo corporativo" es un concepto relativamente nuevo en las iglesias, que describe la oración hecha al mismo tiempo por el Pastor Mayor, los Pastores Asociados, los intercesores, y la congregación en general.

aprovisionado los cambios y revelaciones que Dios ha vertido en nuestras vidas. Si nosotros no hubiésemos tenido el hambre y la pasión por esa intimidad con Dios, no hubiésemos podido perseverar para estar donde estamos en la actualidad. La revelación cambia las cosas.

Hace cuatro años aproximadamente, Dios empezó a cambiar a nuestra iglesia. Ahora Dios nos ha dicho específicamente que debemos hacer que se sepan las revelaciones compartiendo el proceso a través del cual, Él nos ha tomado. Las revelaciones que Él nos ha dado son para el Cuerpo de Cristo.

Este libro es la historia de nuestras jornadas a través de los eventos, las lecciones, y las revelaciones que Dios ha usado para transformarnos. Las cosas que usted leerá están tomadas directamente de los diarios de oración, reflejando mis experiencias y aquellas de muchos de nuestra congregación.

Las cosas que han sucedido son simplemente los resultados de nuestra adoración, buscando y gritando por Dios. Nunca busque las experiencias que estoy a punto de compartir con usted. Dios en Su Misericordia y Soberanía ha escogido revelar esta parte de Su Reino. Espero que al compartir mi testimonio con usted, usted pueda ver que Dios puede utilizar a cualquiera. Él desea utilizarle a usted.

Capítulo 2

UN VIAJE A PENSACOLA

"Porque tú dices, yo soy rico y me he enriquecido; y de ninguna cosa tengo necesidad; y no sabes que tú eres un desventurado, miserable, pobre, ciego, y desnudo. Por tanto, yo te aconsejo que de mí compres oro refinado en fuego, para que seas rico, y vestiduras blancas para vestirte, y que no se descubra la vergüenza de tu desnudez; y unge tus ojos con colirio, para que veas. Yo reprendo y castigo a todos los que amo; sé, pues, celoso, y arrepiéntete."

-- Apocalipsis 3:17-19

En septiembre de 1996, nuestro pastor mayoritario, Ron Crawford, me dijo que una pareja de nuestra iglesia estaba pagando los gastos para que nuestro personal pastoral asistiera a la Conferencia de Ministros en la iglesia de la Asamblea de Dios de Brownsville en Pensacola, Florida. Yo había oído hablar de algunas de las cosas "extrañas" que pasaban en esa iglesia y estaba medio curioso pero sobre todo crítico. De hecho, cuando por primera vez oí hablar del "Renacimiento de Brownsville", pensé que la gente estaba hablando acerca de la ciudad de Brownsville, Tejas. No tenía ninguna idea de lo que ellos estaban hablando.

Inicialmente no estaba muy entusiasmado por ir. En realidad, mi primer pensamiento fue "¿Cómo podré salirme de esto? Usted debe entender que yo era un crítico consumado de cualquier cosa que

El Ministrar con los Ángeles

pudiese ser considerada "espiritual." Si Dios iba hacer cualquier cosa especial, Él podría hacerla aquí en Dallas. ¿Por qué debería de tener que viajar cientos de millas sabiendo que Dios estaba en todas partes? Después de todo, ¡Dios está en nuestra iglesia también!

¿Por qué debe una iglesia ser seleccionada tan especialmente para que Dios derrame a creces algo especial? Dios no enseña favoritismos, ¿lo hace Él? De todas maneras, ¿y qué de bueno tiene un renacimiento? Las personas nada más hacen un nuevo compromiso con Dios, solamente para retractarse unas dos semanas después. Mi pensamiento era que nosotros no necesitábamos a gente excéntrica en las experiencias con Dios. Necesitábamos a personas que estuvieran con los pies sobre la tierra - bien fundados - en la Palabra, de pensamientos lógicos, y fieles a su iglesia. En lo concerniente a esos asuntos, ¡las personas espirituales son fantasmales! Estos patrones de pensamiento eran la fundación básica de la forma distorsionada con la que yo razonaba acerca de todas las cosas espirituales. Cuanto más se acercaba el viaje, y no podía encontrar una legítima excusa, me gustase o no, me di cuenta que tendría que hacer ese viaje.

En mi opinión, si yo pensaba que algo no era de Dios, eso ya era suficiente para mí. Sabía que Dios no operaría o haría nada que no estuviese en tono con mis propias convicciones. Después de todo, Él había puesto esas convicciones en mi corazón desde el principio, ¿verdad? Consideraba que mi obligación como ministro era el de escéptico. Había convencido a mi persona, que yo solamente estaba actuando en el mejor interés de Dios para proteger a la gente de Dios para que no se convirtiesen en desequilibrados.

Ahora, para poner todo en perspectiva, usted necesita saber un poco más acerca de mi. Entregué mi corazón a Dios nuestro Señor en la tierna edad de los siete años y nunca me metí en ningún problema serio. Era fiel a Dios y a mi iglesia... En los primeros años de mi adolescencia, fui bautizado en el Espíritu Santo con la evidencia de hablar en lenguas. El llamado del Señor al ministerio llegó durante mis años de adolescente, pero después de mi graduación de la escuela

UN VIAJE A PENSACOLA

preparatoria, opté por ir a estudiar a la universidad el primer y el segundo año y no a una escuela Bíblica. Dios se encargó durante esos años de recordarme de Su llamado pero seguía poniéndole a Él fuera de mis planes. Para ser honesto, yo no quería ir a la escuela Bíblica, así que finalmente decidí hacer un arreglo con Dios y en lugar de eso estudiar para convertirme en un psicólogo. Después de algunos años de estudiar, me sentía tan miserable y sabía porqué.

Finalmente me dí por vencido y le dije a Dios que iría al ministerio. Así que, cambié mi plan de estudios, me olvidé de casi dos años de créditos universitarios en psicología, y me fui a la universidad de la Biblia, me gradué en 1984. Trabajé como un Pastor de niños y adolescentes en una maravillosa iglesia localizada al este de Dallas de 1982 a 1987, donde aprendí las reglas de cómo ser un ministro. En 1987, ingresé al personal pastoral de *"Lakewood Assembly of God"* la iglesia de la Asamblea de Dios de Lakewood bajo el recientemente elegido Pastor Mayoritario Ron Crawford. Inicialmente fui el pastor de los niños y los jóvenes, después pasé a ser el Ministro de Educación, y actualmente, Pastor Asociado. La congregación de Lakewood ha sido maravillosa y nos ha apoyado increíblemente a mi familia y a mí.

Mientras miro hacia el pasado, me doy cuenta que yo era una persona negativa y cínica. No podía imaginarme a nadie que fuese un "mejor cristiano" que yo. ¡Qué orgullo! Este proceso mental de pensamientos orgullosos no me llevó cerca de Dios, pero me condujo hacia un terrible estado de tibieza.

Después de algunos años, había desarrollado una actitud muy indiferente hacia las disciplinas espirituales de la oración y de los servicios para rendir culto a Dios. Una oración de cinco minutos al día era suficiente para mí y el servicio no era más que tres himnos en la mañana del domingo. A pesar de mi propia carencia de espiritualidad, yo siempre era el primero en pesar y juzgar el estado espiritual de alguien. Era como los Fariseos y los Saduceos a quienes

El Ministrar con los Ángeles

Jesús dijo que podían ver claramente lo inadecuado en otros pero que estaban totalmente ciegos para ver sus propios defectos y limitaciones.

Año tras año, me convertí en más y más criticón de otros ministerios y de los miembros de nuestra propia congregación. Tenía muy poca tolerancia para el fracaso de los otros, pero me daba a mí mismo un margen muy ancho para cometer errores. Consecuentemente, este crítico y religioso espíritu, sangrientamente se transmitió hacia otras áreas de mi vida.

Cuando usted se convierte en un crítico y juzga a los demás, hay una gran posibilidad de que haya pecados y otras cosas furtivas escondidas en su propia vida. Retrospectívamente puedo ver con claridad que el camino que estaba tomando me llevaba hacia una muy cercana destrucción. Honestamente no lo veía, pero Dios ya me ha abierto mis ojos ciegos de entonces.

Como muchas personas en las iglesias de hoy en día, yo necesitaba estar divertido. Me encantaba mirar películas. En mi día de descanso, asistía a las funciones de la última película que se exhibía en algún cine o rentaba algunos videos. Mi discreción empezaba a decrepitarse. Así como un drogadicto debe de encontrar algo más fuerte para llevarlo a su siguiente nivel, yo tenía que tener más conmoción y pronto empecé a ver películas inapropiadas. ¡Una doble vida empezó a desarrollarse!

Yo podía juzgar a cualquiera que estaba envuelto en pornografía, pero no podía pensar que estaba equivocado en mirar a una mujer desnuda en una película. Las Escrituras dicen en: 1 Timoteo 4:2 *"Por la hipocresía de mentirosos que, teniendo cauterizada la conciencia".* Podría haber negado todo el día que éste era el estado en el que estaba mi corazón, pero esa era la verdad. Estaba mintiéndome a mí mismo acerca de lo que Dios espera de los cristianos. Como muchos otros, yo hacía que la Palabra se acomodara a mis propios deseos y justificaba mis acciones con la escritura en lugar de medirlas por medio de ella.

UN VIAJE A PENSACOLA

No le puedo decir todo lo cerca que estaba de haberme convertido en un corrompido.

Así que crecí más miserable cada día, viéndome enojarme por ninguna razón. Yo estallaba con mi esposa y con mis hijos. Usted podría pensar que un ministro del evangelio podría saber mas que eso, y realmente yo debía haberlo sabido. Sin embargo en ese momento estaba atrapado. La lujuria, la crítica, el enojo y el desaliento, todo esto estaba ejerciendo su poder en todas sus formas, dentro de mi vida y estaban convirtiéndose en incontrolables.

Era un Ministro de Educación muy activo en mi iglesia y tenia grandes planes y programas. Hasta este día, hay personas que han venido a decirme, "Yo recuerdo cuando usted hizo esto o aquello. Y que maravilloso ministerio usted había desarrollado." Estaba haciendo todo "correctamente" PERO era un traidor y muy profundamente lo sabía y me preguntaba: ¿Cómo llegué a permitir el caer en una situación tan difícil?

Al pasar rápidamente los años, me encontré completamente agotado con la vida ministerial y empezé a preguntarme, si una forma sabática del ministerio quizá podría ser una buena idea. Desde entonces he aprendido que el estar agotado es una buena indicación del cociente espiritual de una persona. Es triste decirlo pero pienso que mi cociente estaba cerca de cero.

Fue durante ese tiempo de increíble frustración que llegó la invitación para asistir a la renovación en Pensacola, Florida. Era el perfecto tiempo de Dios. Durante las semanas que precedieron el viaje, el Señor empezó a atraerme hacia Él. Me encontraba yendo al santuario a orar, lo cual era inusual para mí. Durante una de esas conversaciones con el Señor, le dije que estaba cansado de mi vida hipócrita y que si no pasaba algo en este viaje, estaba listo para dejar el ministerio.

Dios empezó a hablarme acerca de empezar de nuevo. Yo no sabía que yo podría hacer eso. Dios estaba preparando cortésmente la tierra en mi corazón. Para mi sorpresa, durante esos últimos días que precedieron a nuestro viaje, yo estaba empezando a entusiasmarme. Sabía que de una forma u otra, una decisión iba a ser tomada mientras yo estuviera allí.

UNA RENOVANTE PERSPECTIVA

El segundo martes de noviembre de 1996, los tres llegamos a Pensacola, mi pastor mayoritario, Ron Crawford, nuestro pastor de jóvenes y yo mismo. Nos registramos en nuestro hotel, comimos la cena y nos dirigimos a la iglesia. Eran las 7:00 de la noche cuando llegamos a la iglesia de la Asamblea de Dios de Brownsville. La iglesia estaba llena en toda su capacidad.

El ambiente en el edificio era increíble. Lleno con gran entusiasmo y anticipación. Las luces se oscurecieron y el coro empezó a cantar: "Lord Have Mercy" (Señor Ten Misericordia) al tiempo que las banderas y los estandartes de oración eran alzados. Mi corazón se estaba deshaciendo rápidamente cuando la unción del Señor empezaba a penetrar. Para mi sorpresa, yo no estaba sintiendo condenación, sino el increíble calor del amor del Señor.

Alguien hubiese pensado que esa noche el edificio estaba lleno de paganos en lugar de predicadores. El evangelista Steve Hill no se reprimió en nada, mencionó nuestros pecados y nos dijo que necesitábamos arrepentirnos. Cuando llegó el momento del llamado hacia el altar, bajo la convicción del Espíritu Santo e hice mi caminata al frente con cientos de otros. Mi oración de esa noche fue muy simple, "Dios dame otra oportunidad" Esto no fue una simple re-dedicación, era mucho más que eso, como si hubiera vuelto a nacer.

Después del llamado al altar, los equipos de oración de Brownsville fueron mandados para orar por las personas que quisieran orar. El hombre que oró por mí tenía una voz con un tono muy suave. Puso sus dedos gentilmente en mi cabeza orando y silenciosamente caí en el Espíritu.

UN VIAJE A PENSACOLA

El miércoles, segundo día de la conferencia, nosotros asistimos a varias clases impartidas por el personal pastoral de Brownsville y otros ministros invitados. Esa noche nosotros teníamos la determinación de llegar al servicio lo suficientemente temprano para sentarnos donde el río de Dios empezara a fluir igual que en la renovación que estalló en aquel glorioso Día del Padre en 1995[1].

Nos sentamos en sillas plegadizas lo suficientemente cerca del frente del escenario para poder apoyar nuestros pies en los escalones del foro. Cuando el llamado para ir al altar llegó, a aquellos de nosotros que estábamos sentados en las sillas plegadizas nos pidieron recoger nuestras sillas y llevarlas a guardar a la parte de atrás del santuario. Como el área del altar estaba tan congestionada de personas, decidimos regresar a nuestro hotel, así que esa noche no recibimos ninguna oración individual.

Como a las 7:00 de la mañana ese jueves me desperté con la presencia de Dios sobre mí. Al permanecer acostado en mi cama, Dios empezó a hablar a mi corazón. Podía oírlo tan claramente. Me preguntó si estaba dispuesto a confesar mis pecados a mi pastor. Yo dije, "Sí, yo lo haría". El Señor y yo estuvimos de acuerdo que esta confesión debería ser hecha después de que regresáramos a Dallas. No podría describirles la enorme carga que me fue quitada en ese momento. La paz de saber que uno está verdaderamente con Dios es increíble.

UN RUDO DESPERTAR

Al sentarme en la orilla de mi cama, noté que una de mis piernas empezaba a vibrar. Eso nunca me había pasado antes. Sin saber que era lo que estaba pasando, traté de calmarla con mi mano, sin ningún resultado. Después de varios minutos mi otra pierna empezó a vibrar. Resolví que lo que había que hacer era tomar un baño. Yo Esperaba que el agua tibia pudiera relajar mis músculos y calmar el temblor.

Me dirigí hacia el baño, entré a la regadera y abrí la llave del agua, esperando ver si el problema podría corregirse por sí mismo. En lugar de calmarse, ambas piernas empezaron a sacudirse violentamente. Para evitar resbalarme y romperme el cuello, recargué mi cuerpo entero sobre la pared del baño. Esto también era inútil. Ahora sabía que tenía un problema serio. Después de algún tiempo, milagrosamente pude salirme de la ducha y regresar a mi cama.

Conocerme, es conocer a un hombre terco. Estaba determinado que ese temblor no me iba a quebrantar. Permítame usted hacer una pausa por un momento e indicarles la situación de nuestras instalaciones para dormir en ese hotel. El pastor de los jóvenes y yo estábamos compartiendo una habitación de dos pisos estilo ático. El Pastor Crawford estaba en una habitación separada. Estoy seguro que usted ya lo ha adivinado, mi cama estaba en el segundo piso. Impávido por mi nuevo impedimento, procedí con gran dificultad a ponerme los pantalones sobre mis temblorosas piernas y a terminar de vestirme. Ahora estaba decidido a atacar la inclinada escalera. Sin saberlo, ésta quizá fue la primera ayuda angelical que recibí. Muy cautelosamente baje las escaleras y me senté en el sofá de la sala.

Nuestro pastor de jóvenes seguía acostado en su cama, probablemente preguntándose porque había hecho tantos ruidos en el segundo piso, me miro de arriba abajo y me preguntó si estaba bien. Le dije que estaba bien, pero que no podía conseguir que mis piernas se pararan de tironearse. En ese entonces, una de mis tradiciones de las mañanas era beber una soda de dieta Dr. Pepper, le llamaba mi café de la mañana. Así que después de algunos minutos, entré a la cocina a tropezones y agarré una lata de Dr. Pepper, la abrí, tomé un trago y la apoyé en el gabinete. Al momento que la lata tocó el mostrador yo fui tirado de espaldas sobre la puerta del refrigerador. Yo había sido, literalmente hablando, ¡lanzado! En ese momento, no podría haber explicado cómo.

Las siguientes horas pueden ser mejor caracterizadas como violentas. Me sentía como si estuviese en un torneo de "las luchas", en el cual era incapaz de defenderme. Mi cuerpo se retorcía y contorsionaba al mismo tiempo que era lanzado en contra de los gabinetes de la cocina y me tiraba al piso haciéndome rodar. Por primera vez, entendí

UN VIAJE A PENSACOLA

verdaderamente lo que Jacob tuvo que haber sentido cuando luchó con el ángel. No tenía absolutamente ningún control sobre mi cuerpo, mis ojos habían sido cerrados estrechamente y mi lengua inmóvil como cerrada. No podía ver ni hablar. Sin embargo mis oídos estaban trabajando bien y había podido oír la puerta cerrarse después de que el pastor de jóvenes había salido. Estaba pensando, "¡Gracias! ¡Déjame ahora aquí así como estoy!" Pero después de unos minutos de haberme observado, el pastor de jóvenes se había dirigido a llamar al Pastor Crawford. No pasó mucho tiempo antes de que les oyera entrar. Seguía sin ver y sin hablar pero podía oír al Pastor Crawford orando. No sería hasta después de cinco horas y media que finalmente otra vez me encontré libre para poder moverme con mis propias fuerzas.

Los eventos de ese histórico día cambiaron mi vida para siempre. El Señor habló e hizo cosas increíbles en esa habitación del hotel. Nosotros experimentamos ratos de grandes risas y de intensa oración. Hubo algunas asombrosas proclamaciones proféticas pero lo mejor de todo, hubo liberación.

No fue hasta después de varios meses que pude finalmente darme cuenta de lo que me había pasado ese día. Lo que puedo decir es que antes de ese día tenia problemas con la lujuria, pero después de eso ¡se había ido! El espíritu de crítica se había ido y también el espíritu religioso. Ese día ¡Dios mismo me liberó! Ahora entiendo que Dios me envió unos ángeles para luchar contra los demonios que yo sin saber, había permitido en mi vida. Ellos me habían adherido, pero ahora, "¡Que libertad!"

Al leer los Capítulos siguientes, también comprenderá usted que Dios usó los eventos de ese día como catalizador para traer nueva vida a nuestra congregación.

---

[1] John Kilpatrick, *When the Heavens are Brass* (Destiny Image Publishers, Inc. 1996).

El Ministrar con los Ángeles

Capítulo 3

UN LLAMADO A ORAR

"Yo reprendo y castigo a todos los que amo, sé pues celoso, y arrepiéntete, He aquí, yo estoy a la puerta y llamo: si alguno oye mi voz y abre la puerta, entraré a él y cenaré con él, y él conmigo. Al que venciere, le daré que se siente conmigo en mi trono, así como yo he vencido, y me he sentado con mi Padre en su trono."

- - Apocalipsis 3:19-21

Casi dos semanas después del viaje a Brownsville el Señor nos dijo a mi esposa y a mí que vendiésemos nuestra casa y nos mudáramos más cerca de nuestra iglesia. Nuestra casa estaba en el campo, situada en seis y medio hermosos acres a aproximadamente 35 minutos a las afueras de Dallas. Era el perfecto lugar para criar a nuestros tres hijos, Andrea, Aarón y April. Teníamos nuestro propia lagunita para pescar, establos para caballos, perreras, y suficiente pasto para poder criar algunas cabezas de ganado. Inclusive teníamos nuestro propio diamante de béisbol, construido para que la liga de béisbol de nuestro pequeño hijo pudiese practicar. Nuestros hijos amaban vivir en el campo y nosotros también. Habíamos acabado de gastar aproximadamente $40,000 para reformar nuestra casa en su totalidad y planeábamos jubilarnos ahí. Pero el Señor tenía planes diferentes. Él nos dijo que nos regresáramos a vivir en la ciudad y nosotros le obedecimos. Lo crean o no, eso no fue una cosa muy difícil de hacer para nosotros. Aunque amábamos nuestra casa y los planes que habíamos hecho para el futuro, nuestros corazones habían cambiado

El Ministrar con los Ángeles

para abrazar las órdenes del Señor. No podíamos encontrar un comprador lo suficientemente rápido para nuestros planes.

Uno de los primeros cambios enormes que sentí inmediatamente después de nuestro viaje a Brownsville fue un profundo deseo de orar. ¡Era enorme! Antes del viaje oraba normalmente cerca de cinco minutos al día y eso incluía las oraciones antes de nuestras comidas.

Repentinamente mi profunda hambre de pasar tiempo con el Señor se convirtió en el centro de mi vida. Con el personal pastoral del que formo parte empezamos a orar juntos por varias horas durante las mañanas de cada día de la semana antes de ir a nuestras oficinas. Además, al cabo de dos semanas de haber regresado del viaje, empezamos a reunirnos cada sábado por la tarde para unas dos horas de oración para orar como congregación. Este tiempo de oración era dedicado a buscar a Dios para nuestros servicios de los domingos. Nosotros también orábamos de 30 minutos a una hora antes y después de ambos servicios de la mañana y de la tarde en los servicios de los domingos y de los miércoles. No estoy diciendo esto orgullosamente, pero estábamos hambrientos por Dios.

Al igual que esa hambre de orar crecía dentro de mí, también empecé a orar con mi entendimiento y en el Espíritu. Sin embargo mientras oraba en el Espíritu, me daba cuenta que el lenguaje de mi oración se iba expandiendo dentro de múltiples lenguas de oración. De hecho, cuanto más oraba en el Espíritu, más hablaba en más y más lenguas diferentes. Frecuentemente hablaba en más de veinte lenguas durante una sola sesión de oración. Esto era una nueva experiencia para mí, la cual no entendí durante muchos meses. No era yo el único en estar experimentando este fenómeno, casi todos los que participaban en la oración notaban este mismo cambio y expansión de los idiomas en los que ellos oraban.

¿Recuerdan lo "ocupado" que yo había estado? Con el pasar de las semanas de entregarme devótamente a más oración, el Señor empezó a hablarme acerca de que me saliera de varias responsabilidades que tenía en nuestra iglesia. Él quería que me enfocara en Él pasando más tiempo en la oración. Dios me estaba poniendo en Su escuela. El Pastor Crawford estaba completamente de acuerdo con la transición en la que el Señor me estaba llevando. Con la dirección del Señor, empecé a estudiar la Palabra y a leer varios libros a la semana en el movimiento vigente de Dios. Quité muchos libros de mi biblioteca para hacerle lugar a esos nuevos autores, la mayoría de los cuales nunca había oído nombrar antes. Dios me llevó milagrosamente a los pasajes de las Escrituras y a los autores divinos en cada lección de Su escuela.

La mayoría no sabíamos casi nada acerca de la intercesión en nuestra iglesia. En nuestra ignorancia, le pedimos al Señor que nos enseñara cómo orar... y ¡Él lo hizo! Muchas cosas excepcionales empezaron a pasar durante nuestros tiempos de oración. Por ejemplo, frecuentemente múltiples intercesores oraban en el mismo desconocido idioma, y como coincidencia la mayoría de nuestros intercesores en nuestra iglesia recibieron el regalo de hablar en lenguas de géneros diversos.

La experiencia de recibir las continuas visitas angelicales fue sin precedente. Después, no pasó mucho tiempo hasta que el Señor empezó a mostrarle al Pastor Crawford, las cosas más maravillosas en el Reino del Espíritu, dado que él siempre ha tenido la unción de vidente. Durante el tiempo de oración y los servicios de culto, el Pastor Crawford empezó a ver la afluencia de los ángeles. Otros en nuestra congregación empezaron a ver a los ángeles también.

Dios es tan fiel en sus enseñanzas que usó a una activa misionera hispana de nuestra congregación para mostrarnos que estas visitas angelicales no eran una especie de "hipnosis de grupo". Sylvia García trajo de visita a nuestra iglesia a un pastor de México como invitado - quien no hablaba inglés - a una de las sesiones de oración de los sábados. Cuando el pastor mexicano entró en nuestro santuario, él vio que los ángeles inmediatamente le saludaban. ¡Usted debería haber visto su cara... de puro gozo!

El Ministrar con los Ángeles

El pastor se regresó a México y les contó a sus hermanos pastores y a su congregación lo que había visto. Esto fue una confirmación para todos nosotros en la iglesia de The Father's Church. El Señor es bueno para probar nuestra fe y también para traernos confirmación cuando menos la esperamos.

A través del regalo del discernimiento de los espíritus, el Señor me enseñó como detectar cuando un ángel estaba parado cerca de mí. Aunque no podía ver a los ángeles el Señor me estaba enseñando a percibirlos o sentirlos. Había muchas veces - después de la oración - que el Pastor Crawford me decía que había visto uno o varios ángeles erguidos encima de mí, exactamente en los mismos días cuando yo había sentido su presencia. Otras veces, le preguntaba al Pastor Crawford si él había visto algo y él me daba una respuesta alineada con lo que yo había percibido acerca del ángel que estaba localizado cerca de mí. Estas confirmaciones realmente me ayudaron a construir mi fe.

Nuestros tiempos de intercesión fueron dramáticamente intensificados con la llegada de lo angelical. Algunos podrían decir que era sólo la unción, y en lo aparente podría estar de acuerdo. Sin embargo, la unción descansaba pesadamente en los ángeles y en su intervención dentro de los tiempos de oración, la cual tenía características específicas. Por ejemplo, había un incremento en el número de lenguas en las que se estaba orando y en los ruidos extraños que se oían. Yo creo que esos ruidos eran ecos de los sonidos y de las actividades celestiales.

Con frecuencia cuando los ángeles se mostraban, el grupo de oración en su totalidad sentía un interno impulso espiritual... Había de inmediato un aumento del volumen y de la velocidad en las lenguas, así como también un aumento en el número de las lenguas que se hablaban: diversos géneros de lenguas. Por ejemplo, el salón podía estar en completo silencio durante el tiempo de la oración con las personas esparcidas en diferentes bancas o lugares en el santuario orando independiente. Entonces repentinamente alguien interrumpía en una oración ruidosa cantando o en lamento por la intercesión. Nadie iniciaba esta simultánea erupción de apasionada intercesión y culto.

Los ángeles también traen una poderosa unción para estar de acuerdo en la oración, cosas excepcionales pasan mientras ellos - los ángeles - entran a la intercesión con nosotros. Cuando los ángeles guerreros vienen, los intercesores frecuentemente reaccionan a su presencia bailando o moviendo sus brazos. Cuando los ángeles de adoración están presentes, generalmente hay muchos cantos en el Espíritu.

A veces, la llegada de los ángeles significa una inminente visita de Nuestro Señor Jesucristo. En muchas ocasiones el Señor envía por delante a Sus ángeles para prepararnos con la unción y vestir nuestro espíritu. Justamente como el padre mandó a sus sirvientes a ponerle la mejor ropa a su hijo pródigo.

> *"Pero el padre dijo a sus siervos: Sacad el mejor vestido, y vestidle, y poned un anillo en su mano, y calzado en sus pies..."*
>
> *-- San Lucas 15:22*

> *"Después digo: Déjenlos [a los Ángeles] poner una mitra limpia [diadema] sobre su cabeza. Y le pusieron una mitra limpia sobre su cabeza y lo vistieron con las ropas. Y el ángel de Jehová estaba de pie."*
>
> *-- Zacarías 3:5*

Esos tiempos de ser llevado a la presencia del Padre en una forma individual son algunos de los más personales e intensos momentos con Dios. Querido amigo, estoy adivinando que usted ha estado leyendo muy bien hasta los últimos dos párrafos. Ahora usted ha empezado a ponerse preguntas. Puedo ver las preguntas que están brotando dentro de su mente.

¿Oran e interceden los ángeles como las personas?

Sonidos extraños... ¿es eso bíblico?

El Ministrar con los Ángeles

Diversos géneros de lenguas, ¿no es eso lo que pasa cuando Dios milagrosamente le da a un misionero un idioma extranjero?[2]

Por favor, continúe usted conmigo. Confíe en el Señor que al continuar usted leyendo Él le dará a usted las respuestas a esas preguntas y más.

---

[2] Roberts Liardon, *God's Generals* (Albury Publishing, 1996), p. 156

Capítulo 4

DIVERSOS GÉNEROS DE LENGUAS

"A otro, el hacer milagros; a otro, profecía; a otro discernimiento de espíritus; a otro, diversos géneros de lenguas; y a otro, interpretación de lenguas: ..."
-- *1 Corintios 12:10*

SEAMOS HONESTOS

El noventa y nueve por ciento de la iglesia no tiene un concepto del don de los diversos géneros de lenguas o su propósito y función en el Cuerpo de Cristo. Muchos Pentecostales y creyentes llenos del Espíritu han sido enseñados acerca del "hablar en lenguas" como la "inicial evidencia física" del bautismo en el Espíritu Santo y no acerca del don de los diversos géneros de lenguas. Los creyentes con frecuencia olvidan orar y rendir culto en la lengua que se les ha dado cuando fueron bautizados en el Espíritu Santo. Con esta negligencia y el malentendido de la importancia de hablar en lenguas no se sorprende uno de saber porqué hay tan poco entendimiento o enseñanza acerca del don de los diversos géneros de lenguas. Otra vez, el lenguaje de la oración que una persona recibe cuando es bautizado en el Espíritu Santo NO ES lo mismo que el regalo de los diversos géneros de lenguas.

El Ministrar con los Ángeles

Afortunadamente, yo tenía una madre quien no tenía ningún problema en orar en el Espíritu... en voz alta. Siempre estaba sorprendido de cuánto aumentaban el nivel de la fuerza y de la unción cuando ella oraba en el Espíritu. Nuestra familia hacía parte también de una de esas raras iglesias Pentecostales, las cuales en ocasiones adoraban a Dios en lenguas unidos como una congregación. Muy pocas de las congregaciones "llenas del Espíritu" que he visitado han tenido este nivel de libertad en el Espíritu.

Seamos honestos. El hablar en lenguas no es parte del régimen cotidiano de los creyentes de las iglesias "llenas del Espíritu". Personalmente, yo era muy negligente en el orar, pero especialmente cuando se trataba de orar en lenguas. Cuando oraba en lenguas, mi lenguaje de oración era muy predecible. Con eso, quiero decir que yo sabía como iba a sonar la lengua de oración, e inclusive reconocía muchas de las palabras, aunque no sabía su significado.

Durante mi niñez siempre entendí "diversos géneros de lenguas" como algo que era un lenguaje adicional que uno recibía para dar un mensaje en lenguas durante el servicio de adoración o como lo mencioné antes, tenía que ver con las misiones en el extranjero.

Fue después de dos días de nuestro regreso de Pensacola que noté que estaba orando en varias lenguas nuevas. Estas oraciones venían de muy adentro con una intensa profundidad, no solamente salían de mi boca. Al estudiar las Escrituras, pronto me di cuenta que el abdomen es donde habita el espíritu del hombre.

> *"Lámpara de Jehová es el espíritu del hombre, la cual escudriña lo más profundo del corazón..."*
> *-- Proverbios 20:27*

> *"El que cree en mí, como dice la Escritura, de su interior correrán ríos de agua viva."*
> *-- San Juan 7:38*

DIVERSOS GÉNEROS DE LENGUAS

Una cosa maravillosa que descubrí fue que esa oración en el Espíritu en los diversos géneros de lenguas es como volar con un piloto automático. Más trataba de orar, más poderosamente el Espíritu Santo crecía y oraba a través de mí. El Espíritu Santo estaba haciendo el trabajo de intercesión con muy poco esfuerzo de mi parte. Aún cuando este nuevo regalo me capacitaba para que pudiese orar por horas, mi cuerpo físico no estaba acostumbrado a la fuerza con la que el Espíritu Santo se manifestaba. Eso era todo un ejercicio, pero ¡me encantaba!

¿Cómo era esto? Me acostaba en el suelo y venía la unción para la intercesión. En mi caso, la unción podía venir cuando me acostaba. Para otros, su posición física no era algo importante. Meses después, el Señor me dijo que el acostarme para orar era una posición profética asociada con mi llamado personal del Señor. De todas maneras, cuando yo me acostaba y empezaba a orar en el Espíritu, esa unción era como cargada con una turbina para la intercesión la cual me inundaba completamente.

Esta intercesión cargada como una turbina es algo que hay que contemplar y apreciar como la experiencia la más increíble. Muchas clases de lenguas empezaban a brotar rápidamente de mi boca. Es como fluir en todas esas lenguas, hablando sin esfuerzo las cientos de palabras y oraciones. Salen hablando sin reserva y con autoridad. Todo mi cuerpo temblaba al mismo tiempo que la unción crecía y aumentaba la intercesión. No es una cosa rara ver a personas temblar muy profundamente. Las lenguas pueden tener sonidos eslavos, orientales, franceses, hindúes, o de otros dialectos. Durante los primeros días casi todos estaban hablando en lo que sonaba como dialectos coreanos o chinos. No era raro para un intercesor orar en varias lenguas diferentes durante el tiempo de sus oraciones. El apóstol Pablo empieza su famoso Capítulo acerca del amor, 1 Corintios 13, con las palabras, *"Si yo hablase lenguas humanas y angelicales,"* con eso nosotros sabemos que el apóstol Pablo oraba en esos diversos géneros de lenguas.

El Ministrar con los Ángeles

La mayoría de nuestros tiempos de oración son en el grupo corporativo, aunque también hallamos tiempos para orar solos. Sin embargo, el "regalo de los diversos géneros de lenguas" tiene un increíble potencial cuando dos o más están orando juntos. Por ejemplo, muchas veces varios intercesores estaban fluyendo en el mismo lenguaje (el poder de estar de acuerdo) al mismo tiempo. También hemos experimentado subidas y bajadas en nuestras sesiones de oración. Con esto quiero decir que, a ratos la oración era muy silenciosa mientras que todos estaban orando totalmente independientes de uno y otro, y de repente una ola de unción le pegaba a varios de nosotros simultáneamente y una oración en voz alta estallaba. Entonces igual de rápido, todos se silenciaban otra vez. Es algo milagroso que se aprecia. El Espíritu del Señor compone magníficamente nuestras oraciones

Jesús describe como debe operar la oración.

> *"Otra vez os digo, que si dos de vosotros se pusieren de acuerdo en la tierra acerca de cualquier cosa que pidieren, les será hecho por mi Padre que esta en los cielos"*
> *-- San Mateo 18:19*

La palabra "acuerdo" en griego es "*sumphoneo*". Eso quiere decir armónico o estar de acuerdo juntos en armonía. El Pastor Crawford lo describe como un director de orquesta dirigiendo a todos los instrumentos para que toquen al unísono, y así formar un sonido armonioso y glorioso. Tanto como un maestro, gran compositor brindando o trayendo juntas la melodía y la armonía para darle forma a una hermosa pieza de música. Nadie puede hacer que este tipo de oración se haga sola, ya que es creada y sostenida por el Espíritu Santo.

Simplemente, nosotros le pedimos al Señor que nos enseñara a orar y así es como Él nos enseñó. Él nos instruyó a no orar por peticiones individuales durante nuestro tiempo dedicado a la oración, sino a venir al santuario y encontrar un lugar para ¡orar y orar y orar! Cuando

DIVERSOS GÉNEROS DE LENGUAS

venimos a orar, no nos sentamos y visitamos en compañerismo y no pasamos ratos diciéndonos uno a otro nuestras propias peticiones personales. Nos ponemos a trabajar y a orar. No oramos por lo que queremos, oramos por lo que el Espíritu Santo quiere que oremos. Las personas frecuentemente escriben sus peticiones personales en un pedazo de papel y los miembros de los equipos de oración oran por ellos fuera o durante un tiempo designado para la oración. Nosotros NO interrumpimos los tiempos de oración dirigidos por el Espíritu Santo.

En nuestra iglesia el enfoque más importante en nuestra oración es tocar el corazón del Padre con nuestra adoración y gritarle llorando para que Sus propósitos se realicen en la tierra como son en el cielo. En nuestro tiempo de oración no tenemos otra agenda. Si acaso en una gran ocasión, quizá mencionemos algo por lo que, como iglesia, necesitamos orar, pero como una petición de oración que es usualmente comunicada durante un servicio de culto de la iglesia y no como una reunión para orar.

Lo que es extremadamente interesante es que cuando ese regalo está fluyendo en nuestros espíritus parece que nos comunicamos los unos con los otros. Hay veces que sé exactamente con quien estoy de acuerdo en oración e inclusive pudiese estar teniendo una conversación en el Espíritu Santo con esa persona. Hemos cantado la canción, "somos uno en el Espíritu, somos uno en el Señor", pero probablemente no hemos realizado que el estar orando juntos en el Espíritu Santo es la parte más fortalecedora que lo que en realidad la canción significa.

El Espíritu Santo ha usado el regalo de los diversos géneros de lenguas como un arma explosiva en la intercesión así como en la batalla espiritual. Este don es un vehículo para comunicarse con los ángeles en sus propias lenguas. Esta comunicación con los ángeles ha causado que recibamos más revelaciones del Padre Santo y que nos movamos con gran autoridad entre los cielos de las líneas paganas. Los diversos géneros de lenguas nos han capacitado para tratar con demonios en una forma más efectiva. No siempre entendemos lo que decimos, pero el Espíritu del Señor lo sabe. Él siempre sabe las palabras correctas que se tienen que decir.

> *"Y de igual manera el Espíritu nos ayuda en nuestra debilidad, pues qué hemos de pedir como conviene, no lo sabemos, pero el Espíritu mismo intercede por nosotros con gemidos indecibles."*
>
> *-- Romanos 8:26*

En el siguiente Capítulo hablaremos más acerca de cómo los diversos géneros de lenguas han afectado nuestra habilidad para comunicarnos con los ángeles. Por ahora, hablaremos acerca de cómo los diversos géneros de lenguas pueden ayudarle a usted y a su iglesia en la guerra espiritual y lo que viene en contra de la oposición a la oración. Yo he tenido que encararme con muchos espíritus malos. Demonios o espíritus malos que actualmente son ángeles caídos. Como todo lo que trata de la área demoníaca, en algún día, sus lenguas fueron divinas, pero ahora están infectadas y pervertidas como resultado de su rebelión en contra de Dios.

A través del don del diverso género de lenguas, el Espíritu Santo dentro de nosotros hablará a los demonios en su propio idioma. "¿Por qué querríamos nosotros hacer eso?" usted quizás se preguntará. Cuando usted tiene que encararse con un demonio en el mundo espiritual o en una situación de liberación, hay una mayor autoridad cuando usted habla con ellos en su propio lenguaje. Usted quizá no entienda lo que les está diciendo, pero puede estar seguro que el Espíritu Santo sabe qué es lo que se necesita decir. Hay veces cuando el Espíritu Santo nos da una interpretación de lo que se ha dicho. Personalmente, yo no me preocupo acerca de eso. Todo lo que sé es que el enemigo obedece al Espíritu Santo que está hablando a través de mí.

Yo creo que con el paso del tiempo, nosotros llegaremos a entender más acerca del don del diverso género de lenguas, nos asombraremos

DIVERSOS GÉNEROS DE LENGUAS

de lo vital que es esto, cuando se está tratando con el mundo sobrenatural. Yo puedo ver que en el futuro los ministerios de liberación se moverán mucho más rápidamente.

El Espíritu Santo conoce lo que se necesita hacer y puede hacerlo rápidamente. En una situación en donde estaba ministrando liberación, la persona a la cual estaba liberando estaba llena con el Espíritu Santo durante el proceso de liberación. Después de unos minutos, yo estaba comunicándome con su espíritu acerca de lo que estaba ocurriendo dentro de ella. Este no es un proceso fácil de explicar por escrito, pero muchos de ustedes, quizás hayan experimentado situaciones similares.

Para poder penetrarnos en lo profundo de los diversos géneros de lenguas, quisiera recomendarles, enfáticamente, que obtengan el libro recientemente publicado en los diversos géneros de lenguas por el Pastor Ron Crawford **Diversos Géneros de Lenguas *"Divers Tongues"***. Puede usted obtenerlo de The Father's Church, 2707 Abrams Road, Dallas, TX 75214 (214) 821-5290, www.pneumatikos.com.

El Ministrar con los Ángeles

Capítulo 5

BIENVENIDA A LOS ÁNGELES

"Y hubo un gran vocerío; y levantándose los escribas de la parte de los fariseos, contendían diciendo: Ningún mal hallamos en este hombre que si un espíritu le ha hablado, o un ángel, no resistamos a Dios.
-- Hechos 23:9

Después de nuestro viaje a Brownsville, los ángeles empezaron muy rapidamente a hacer sentir su presencia durante nuestros tiempos de oración. Frecuentemente, los ángeles se paraban sobre mí, y otras veces me hablaban. Ellos trajeron mensajes del Señor para ministrar Su paz, amor y consuelo. También trajeron profecías y revelaciones frescas de la Palabra. Estas maravillosas visitas angelicales pronto se convirtieron en una experiencia diaria, en la cual el Señor vertía muchas cosas que eran muy queridas para Su corazón dentro del mío. Recibí muchas palabras proféticas acerca de mi vida, de nuestra iglesia y de las cosas que pronto pasarían en esta tierra y en los cielos.

Los cuerpos humanos con frecuencia reaccionan a la presencia de la Gloria y del Poder de Dios. Definitivamente, los ángeles venían vestidos con la investidura del poder y la gloria de Dios. Uno de los muchos ejemplos escriturales es cuando Daniel perdió toda su fuerza en la presencia de los ángeles.

El Ministrar con los Ángeles

> *"¿Cómo pues, podrá el siervo de mi señor hablar con mi señor? Porque al instante me faltó la fuerza, y no me quedó aliento. Y aquél que tenía semejanza de hombre me tocó otra vez, y me fortaleció,... "*
>
> *-- Daniel 10:17-18*

Con frecuencia experimentaba reacciones físicas cuando los ángeles venían. Un período de tiempo tuvo que pasar para que mi cuerpo físico se acostumbrase a la presencia de los ángeles. Los primeros encuentros angelicales me podían dejar congelado, adherido al suelo y demasiado débil para moverme. En otras ocasiones, mi cuerpo completo vibraba cuando los ángeles me ministraban. En los siguientes meses, gradualmente cambié a una posición más funcional cuando los Ángeles estaban conmigo.

Muchas veces los ángeles vertían aceites sobre mí o me daban algo de comer o beber en el espíritu, estas cosas parecían fortalecer mi cuerpo cuando estaba en la presencia de la gloria y el poder de Dios.

> *"Más tú, hijo de hombre, oye lo que yo te hablo; no seas rebelde como la casa rebelde; abre tu boca, y come lo que yo te doy. Y miré, y he aquí una mano extendida hacia mí, y en ella había un rollo de libro. Y lo extendió delante de mí, y estaba escrito por delante y por detrás; y había escritas en él endechas y lamentaciones y ayes. Me dijo: Hijo de hombre, como lo que hallas; como de este rollo, y ve y habla a la casa de Israel. Y, abrí mi boca, y me hizo comer aquel rollo..."*
>
> *-- Ezequiel 2:8-3:2*

> *"Y fui al ángel, diciéndole que me diese el librito. Y él me dijo: Toma, y cómelo, y te amargará el vientre, pero en tu boca será dulce como la miel, pero cuando lo hube comido, amargó mi vientre. Y él me dijo: Es necesario que profetices otra vez sobre muchos pueblos, naciones, lenguas y reyes."*
>
> *-- Apocalipsis 10:9-11*

BIENVENIDA A LOS ÁNGELES

Hoy siento la presencia de los ángeles, pero raramente tengo manifestaciones físicas cuando ellos están cerca. El Señor quiere que seamos capaces de estar parados firmemente y ministrando, inclusive cuando algunos quizás "se caigan al suelo", cuando el peso de Su Gloria venga y entre en el servicio. ¿Recuerda usted a los sacerdotes en el templo en 1 Reyes 8:11, los cuales, no se paraban a ministrar por la gloria de Dios? Debemos ser capaces de funcionar durante esos intensos derrames. Dios está haciendo que nuestros cuerpos estén listos para lo que ya está por venir para la iglesia y el mundo.

Lo único constante acerca de los ángeles es que ellos aman estar envueltos en la oración. Esto no debe ser sorprendente para usted, considerando que la intercesión es uno de los más importantes enfoques de Jesús. Él continuamente está intercediendo por nosotros.

> *"... Cristo es el que murió, más aún, el que también resucitó, el que, además, está a la diestra de Dios, el que también intercede por nosotros."*
> *-- Romanos 8:34*

En el pasaje del Jardín de Getsemaní, recuerde usted a los ángeles que vinieron a ministrar a Jesús cuando Él intercedía. Aparentemente no importa si uno ora sólo o con un grupo, a los ángeles les gusta involucrarse. Muchas veces los ángeles se han unido a mí mientras estoy en mi automóvil o subiendo las escaleras para orar en mi lugar favorito en nuestro balcón y están listos para llevarme a lugares en el espíritu o hacer cualquier cosa que el Señor tiene como Su propósito para mi tiempo de oración ese día.

En varias ocasiones los ángeles nos dicen sus nombres. Este es un evento regular para nuestro pastor y a mí me pasa con menos frecuencia, inclusive muchos de nuestros intercesores han recibido los nombres de los ángeles que han ministrado con ellos. Aún cuando esto no es tan importante, pienso que es la manera que Dios usa para decirnos que tengamos una relación más familiar con los ángeles. Dios está removiendo el misterio de quiénes son en realidad los ángeles. Y Dios nos está llevando dentro de Su Reino.

Permítame decirle a usted rápidamente, que nosotros NO oramos para que los ángeles vengan. Es el Señor quien nos envía a los ángeles. Ellos son designados por el Señor. Usted no puede ordenar a un ángel específico para que venga. A veces Dios me ha enviado al mismo ángel una y otra vez, y otras veces Él ha enviado a un ángel nuevo. Ha habido muchas veces que Dios hace que iniciemos conversaciones con los ángeles. No es algo que usted quiere hacer, el Señor lo pone dentro de usted y usted lo hace y simplemente obedece. Habrá muchas ocasiones en el futuro cuando el Señor enviará a Sus ángeles a un servicio con una asignación específica a completar. Dios nos instruirá de qué decirles a ellos o simplemente diremos: "Haz cualquier cosa que el Señor te ha mandado que hagas". Sin embargo creo que nuestra interacción y cooperación con los ángeles vendrá a ser más intensa.

Un ejemplo de cómo actúan los ángeles es el siguiente: un ángel trae un regalo al servicio, se lo da al ministro a cargo del servicio y lo instruye para que lo entregue a la persona que deba recibirlo. Otro escenario podría ser uno en el que el ministro a cargo del servicio suelta al ángel para que el mismo ángel conceda el regalo directamente. Este tipo de asociación es la que Dios ha intentado que nosotros tengamos con Sus ángeles.

En los primeros días me preocupaba mucho que El Señor pensara que yo estaba buscando experiencias con ángeles más que estar en comunión con Él. Sin embargo cuanto más Le buscaba a Él, más encuentros tenía con los ángeles. El Señor continuaba diciéndome que esos encuentros eran todos de Él y que no necesitaba preocuparme. Si el Señor es el que está en control, nosotros no necesitamos estar ansiosos acerca de los encuentros con los ángeles. Dios está comisionando a Sus hijos para ministrar con ellos. Ese es Su propósito, no el nuestro. Dios vela por eso para que su ministerio empiece a funcionar a través del Cuerpo de Cristo. La pregunta es

BIENVENIDA A LOS ÁNGELES

"¿Quién cooperará y tomará los riesgos necesarios y las críticas por estar de acuerdo con eso? ¿Lo haría usted?"

Mientras que los ángeles hacen su presencia más obvia, hay una tendencia natural de hacerles preguntas. El Divino Padre no tiene problema con eso. Algunos de nuestros intercesores han hecho preguntas a los ángeles y han recibido contestaciones. Un ángel le dijo a una señora en nuestra iglesia que ella debería hacer preguntas, siempre y cuando éstas fuesen de su vida y su propósito. Personalmente, no hago preguntas a menos que haya recibido una sugerencia del Espíritu Santo para hacerlas. El libro de Zacarías demuestra claramente esta verdad[3]. Zacarías hizo muchas preguntas a los ángeles que Dios le envió para revelarle Sus planes. Los ángeles le contestaron a todas sus preguntas.

El Señor está guardando este ministerio. Sé que algo podría fácilmente salir mal y llevarnos a la profundidad del final y terminar "allá" afuera de la voluntad de Dios y afuera del camino de Dios. Sin embargo creo que si una persona está sometida al Señor así como el liderazgo de su iglesia, ellos estarán a salvo.

El Señor me ha entusiasmado durante todo el camino para demostrar y salir adelante en mi fe. Él nunca me ha regañado o castigado en el área de aprender a ministrar con Sus ángeles. Esta no es una ciencia pura y no hay manuales que conozca que existan en cómo hacer esto "apropiadamente". Una cosa que ciertamente no he podido encontrar es: un curso en "ministrar con los ángeles" en las escuelas de la Biblia o en los seminarios. Este es un nuevo terreno para la iglesia del siglo 21. Sabemos que el ministrar con ángeles no es "nada nuevo bajo el sol" pero rápidamente se está convirtiendo en algo más prevaleciente en el Cuerpo de Cristo.

La venida de los ángeles dentro de nuestros tiempos de oración y durante nuestros servicios nos trae muchas cosas del Señor. Con frecuencia ellos vierten su unción en las personas. A veces traen un regalo que tiene el nombre escrito de la persona que lo debe recibir.

El Ministrar con los Ángeles

Los ángeles nos han traído coronas, ungüentos que ellos nos untan en nuestras cabezas, también nos han puesto cosas en nuestro espíritu. Me dieron un tablón y me dijeron que escribiera cosas en él. Me han dado cosas para beber e inclusive rollos para comer. Me han dado muchas espadas para dárselas a los santos. He recibido un manto que me dijeron era para nuestro pastor. Esto es muy emocionante. El pastor Crawford - frecuentemente - recibe el don del Espíritu de los ángeles para varias personas de nuestra congregación. En muchas formas esto opera como una palabra de conocimiento. La actividad angelical y el ministerio que estamos viendo ahora - más de cerca - están alineados con hechos bíblicos de actividades angelicales en lugar de la última novedad de los actuales rescates angelicales. Por ejemplo, Jesús dijo que los ángeles son los segadores de la cosecha al final de los tiempos.

> *"El enemigo que la sembró es el Diablo; la siega es el fin del siglo, y los segadores son los ángeles..."*
> -- *San Mateo 13:39*

Cuando los ángeles vienen a nuestros tiempos de oración, ésta se electrifica y se mueve hacia arriba a niveles de alta intensidad. Cuando los ángeles están presentes, usted ora más poderosamente pero con menos esfuerzo de su parte. Cuando ellos llegan para ayudarnos en nuestras oraciones, con frecuencia las lenguas que estamos hablando repentinamente cambian al lenguaje de los ángeles. En un momento, si hay varios ángeles alrededor, puede ser que haya una docena o más de diferentes lenguas (diversos géneros de lenguas) saliendo de la boca de un intercesor.

> *"Si yo hablase con las lenguas humanas y angélicas..."*
> -- *1 Corintios 13:1*

En nuestra iglesia, estar rodeados de los ángeles se ha convertido en un evento consistente. La participación de los ángeles en nuestras oraciones e intercesiones es un hecho. En los primeros días, el conocimiento de que los ángeles estaban presentes no era

BIENVENIDA A LOS ÁNGELES

frecuentemente discernido o reconocido. Las personas reconocían y hablaban acerca de los momentos increíbles y sublimes de intercesión, pero muy al principio Dios no había revelado que eso era el resultado directo de que los ángeles estaban presentes.

LA ESTRUCTURA DE AUTORIDAD

El Señor siempre trabaja a través de la autoridad estructurada. Dios es muy grande en establecer y fluir a través de la autoridad. Primero, el Señor reveló los ángeles a nuestro Pastor Mayor y después a mí, como el Pastor Asociado. Fue después de muchos meses que los intercesores y la congregación empezaran a discernir por sí mismos, la presencia de los ángeles.

No quiero que usted pierda este punto. ¡Ésta es la LLAVE! Los ángeles solamente siguen a la autoridad ordenada e estructurada de Dios. Los ángeles de Dios no van a alguna persona quien tratará de usurpar autoridad. ¡Una palabra de prevención, los ángeles de Satanás – se disfrazan o se encubren como ángeles de la luz – ellos lo harán!

Aunque los ángeles dieron primero a conocer su presencia en nuestras juntas de oración, ellos empezaron a mostrarse en nuestros servicios también. Hasta este punto, no se había podido ver o percibir a los ángeles, ya que todavía no estaban interactuando con nosotros en los servicios.

Por ejemplo, durante un servicio de los miércoles por la noche, siete ángeles vinieron y se pararon en un grupo a la izquierda de nuestro pastor mientras él estaba hablando. El pastor les vio, pausó y esperó para ver por qué los ángeles habían venido, pero ellos no dieron ninguna indicación de que ellos iban hacer algo. Así que el pastor impartió su mensaje. Casi al final del mensaje, el Espíritu Santo le dijo al pastor que los siete ángeles habían sido enviados para ministrar conmigo y serían soltados para ministrar cuando yo fuera al frente del santuario.

El Ministrar con los Ángeles

Sabiendo que el Señor solamente trabaja a través de la línea de autoridad, yo oré. No me aceleré para interrumpir el servicio, de hecho, no hice ninguna indicación a nadie de que el Señor me había hablado a mí. En lugar de eso, le dije al Señor que si esto era verdaderamente de Él, el Pastor me llamaría al frente y yo haría gustosamente Su mandato. Durante el proceso de despedir a la congregación el pastor me miró y me preguntó que si esa noche yo tenía algo del Señor para compartir con la congregación. Me dirigí al frente y pedí a aquellos que habían sido llamados a ministrar que vinieran al frente. La presencia del Señor se derramó dentro del santuario. Después del servicio, el pastor me dijo que al momento de dirigirme al frente, los ángeles se movieron de la posición donde se encontraban, me rodearon y caminaron conmigo a mi lado y empezaron a verter unciones a las personas. También lo hicieron conmigo.

En otra ocasión, durante el tiempo de oración del sábado por la noche, un grupo de demonios entró dentro del santuario. (Por desgracia, hemos aprendido que los demonios son más fieles a venir a las juntas de oración que muchos de los cristianos.) Antes de que esos demonios tuviesen la oportunidad de hacer algo, una hueste de ángeles de Dios vino volando hacia abajo y luchó en contra de ellos y en unos segundos todos los demonios se habían ido. No había una oración específica que hubiese causado que eso ocurriera. Dios estaba haciendo lo que Él hace tan maravillosamente cuidando de nosotros y protegiéndonos[4].

En este libro, el Señor está haciendo que comparta la interacción con Sus ángeles a un nivel de introducción. Compartiré brevemente acerca de cómo los ángeles estarán ministrando con nosotros en la sanidad y en las señales y maravillas. También compartiré acerca de la ayuda de los ángeles en la guerra espiritual. Dios quiere que Sus hijos lleguen a sentirse cómodos en la relación con los ángeles en las bases cotidianamente – (día trás día)–. Eso pronto llegará a ser una parte normal de nuestras vidas, así que debemos estar listos y preparados para eso.

BIENVENIDA A LOS ÁNGELES

Con lo que el Señor nos ha revelado, no hemos ni siquiera empezado a realizar qué es lo que Dios tiene preparado para nosotros. El Señor está abriendo Sus cielos ahora mismo para que Sus hijos entren y compartan Su reino. Habrá muchos que lo negarán, pero eso no niega la invitación abierta del Señor.

En los primeros años, después del viaje inicial a Brownsville, el Pastor Crawford y yo éramos los únicos en nuestra iglesia los cuales recibíamos un entrenamiento extenso de los ángeles. Nuestra congregación estaba siendo probada, cernida y dotada, para ser personas que adoraran durante el culto del Señor y también para la intercesión. El llamado del Señor para formar parte de su ejército y no de una guardería infantil, fue la contestación de muchos.

> *"Porque debiendo ser ya maestros, después de tanto tiempo, tenéis necesidad de que se os vuelva a enseñar, cuales son los primeros rudimentos de la palabra de Dios; y habéis llegado a ser tales que, tenéis necesidad de leche, y no de alimento sólido."* -- Hebreos 5:12

El entrenamiento y las experiencias del Pastor Crawford con lo angelical se diferenciaban de las mías en varias formas. Primero, el Pastor Crawford es un vidente. Él ve dentro del mundo espiritual en formas que están afuera de las gráficas del ojo espiritual. Él ve a los ángeles, al Eterno Padre, a Jesús, a los ancianos, y muchas estructuras en el reino espiritual. Su habilidad para ver le ha capacitado para ser increíblemente exacto en sus palabras de conocimiento y en lo profético. Segundo, aunque él ha sido puesto en contiendas armadas agotadoras, su entrenamiento ha venido de la perspectiva del trono de Dios, y ve la venida del reino de Dios a la tierra. Su llamado es el establecimiento del reino de Dios en la tierra.

Cuando digo, "establecimiento del reino de Dios en la tierra", estoy refiriéndome directamente a la oración de Jesús en el Padre Nuestro que dice "Venga a nosotros Su reino". En los libros de Daniel y el Apocalipsis encontramos mucho acerca de lo que ellos profetizan como literalmente una tribulación, el anticristo y la batalla de Armagedón.

Mi entrenamiento, por otra parte, ha sido casi exclusivamente en la guerra espiritual. Muchas veces he estado en combates de uno a uno con los demonios. La guerra que Dios me ha estado enseñando es diferente de lo que normalmente ha enseñado o inclusive ya se ha practicado en el Cuerpo de Cristo. Mi llamado es la de entrenar al ejército de los santos de Dios.

Dios nos ha dado – graciosamente – ambas asignaturas: las reveladoras y las muy avanzadas en las regiones celestes. Hay veces que lo que hacemos se sobrepone a lo que otro hace cuando seguimos lo que Dios nos manda hacer individualmente. Sin embargo, la mayoría del tiempo, Dios ha hecho que nos enfoquemos en nuestros propios trabajos. Me someto completamente al liderazgo de mi pastor. Esta no es un área negociable con Dios. El enemigo ha tratado con desesperación de tentarme y distanciarme de mi pastor, pero a través de la gracia de Dios, el Señor nos ha mantenido muy cerca uno de otro. Nuestra relación ha sido descrita como una espada de doble filo.

> *"Hierro con hierro se aguza; y así el hombre aguza el rostro de su amigo."* -- *Proverbios 27:17*

Asegúrese usted, querido amigo, que usted está bajo la línea de su autoridad espiritual. Uno de los mejores libros que yo he leído acerca de este tema es: Una historia de los Tres Reyes "*A Tale of Three Kings*" de Gene Edwards[5]. Lo recomiendo mucho.

---

[3] Zacarías 1:9, 19, 21, 2:2, 4:11, 5:6, 6:4,

[4] Kenneth Copeland, *John G. Lake, His Life, His Sermons, His Boldness of Faith*, (Kenneth Copeland Publications, Fort Worth, Texas, 1994), p. 140.

[5] Gene Edwards, *A Tale of Three Kings*, (Christian Books, Augusta, Maine, 1980).

Capítulo 6

MINISTRANDO CON LOS ÁNGELES

"Y me dijo, Estas palabras son fieles y verdaderas. Y el Señor, el Dios de los espíritus de los profetas, ha enviado su ángel, para mostrar a sus siervos las cosas que deben suceder pronto."

-- Apocalipsis 22:6

Uno de los propósitos establecidos por Dios y uno de los llamados para Su iglesia ha sido el nacimiento de la revelación a los creyentes del ministrar con los ángeles. Dios ha estado preparándonos por más de cuatro años para esta asignación. Dios nos está enseñando acerca de los ángeles en formas variables, con experiencias previas y los santos quienes no han tenido interacción con ángeles están sintiendo o percibiendo su presencia.

Así como fuimos bautizados dentro de este ministerio, el Señor nos ha mostrado algunas cosas maravillosas. Lo primero de todo es que el Espíritu Santo es el administrador y el agente que nos da la fuerza de la realidad angelical... Lo que yo digo es que, nada pasa en el dominio angelical sin Su vigilancia y permiso. Usted no puede recibir una visita de uno de los ángeles del Señor sin haber estado totalmente autorizado e iniciado por Dios. ¿Le diría un ángel del Señor algo que, no sea un mensaje de Dios? ¡No! Una de las funciones principales de los ángeles es el de entregar los mensajes directamente de Dios. Estos

El Ministrar con los Ángeles

no son parafraseados o revisado por el ángel en ninguna forma. ¿Podríamos confiar en uno de los ángeles del Señor, implícitamente? ¡SÍ!

Algunos dirían, "Bien, Dios no hace cosas de esa manera. Él nunca me ha mandado un ángel a mí, así que porqué debería creerte" Otros quizá piensen, "El único ángel con el que yo me he encontrado fue el que me ayudó en una situación seria. Yo no creo que los ángeles hagan todas esas cosas que usted ha mencionado." Si esta línea de razonamiento es sólida, entonces ¿por qué cree usted en la Biblia? Las mismas Escrituras declaran que los profetas creían muchas cosas que ellos nunca habían visto y frecuentemente no entendían las revelaciones que Dios les daba a ellos. Inclusive los ángeles no entienden todos los misterios de Dios y ellos desean verlos.

> "<u>Los profetas</u> que profetizaron de la gracia destinada a vosotros, <u>inquirieron y diligentemente indagaron acerca de esta salvación,</u> escudriñando qué persona y qué tiempo indicaba el Espíritu de Cristo que estaba en ellos, el cual anunciaba de antemano los sufrimientos de Cristo, y las glorias que vendrían tras ellos. A éstos se les reveló que no para sí mismos, sino para nosotros, administraban las cosas que ahora os son anunciadas por los que os han predicado el evangelio por el Espíritu Santo enviado del cielo<u>, cosas en las cuales anhelan mirar los ángeles."</u>
> -- *1 San Pedro 1:10-12*

Dios nos hace una pregunta completamente diferente. Esta es la pregunta que Él le hizo a Job

> *"¿Dónde estabas tú cuando yo fundaba la tierra? Házmelo saber, si tienes inteligencia. ."*
> *- Job 38:4*

Le animo a que lea el resto de este Capítulo. Básicamente, Dios le dijo a Job, "tú no tienes ninguna idea de qué hago o cómo lo hago, así que ¿quién eres tú para cuestionarme?" Mi amigo, usted no puede

MINISTRANDO CON LOS ÁNGELES

juzgar la validez del trabajo de Dios por sus propias experiencias o conocimiento. Usted deberá juzgar basado en la Escritura. ¿Cómo se alinean las enseñanzas o su ministerio con las verdades en la palabra de Dios? No es sólo a través de las Escrituras que usted ha subrayado o ha oído predicar una y otra vez o muchas veces, sino la completa Palabra de Dios. Jesús nos dijo que las obras que Él hizo las haríamos nosotros también. Él, Jesús, ministró con ángeles y Dios quiere que la iglesia ministre con ángeles, así como Él.

> *"De cierto, de cierto os digo: El que en mí cree, las obras que yo hago, él las hará también; y aun mayores hará, porque yo voy al Padre."*
>
> *-- San Juan 14:12*

Ha sido increíble cómo Dios se ha mostrado en nuestro beneficio. No he tenido que convencer a nadie en nuestra iglesia de que los ángeles existen y están ministrando a los santos. Los ángeles son más obvios y visibles. Dios está re-estableciendo este ministerio a través de la Iglesia, de todos modos sea si los creyentes lo acepten y caminan dentro de esto o no.

En 1 Corintios, San Pablo habla de los "dones del Espíritu Santo". El Espíritu se ha dicho que da esos regalos, "individualmente conforme a su voluntad." Mi entendimiento ha sido, por decirlo así, que esos regalos fueron dados directamente a los creyentes sin ninguna "persona intermediaria". Sin embargo, esta suposición quizá no sea enteramente correcta. A través de la Biblia hay muchas historias y parábolas, en las cuales los sirvientes son empleados para distribuir los regalos o llenar los deseos y ordenes del Padre. En los ejemplos como cuando Abraham envió a su sirviente a encontrar una esposa para Isaac (Génesis 24), las parábolas de Jesús de la cena de bodas, y el gran banquete (San Mateo 22, San Lucas 14) Todos estos sirvientes fueron enviados para cumplir los mandatos de su amo. Ese es el principal trabajo de los ángeles... hacer los mandatos de Dios. Los ángeles están ayudándonos a entender esta dinámica del trabajo del Espíritu Santo.

El Ministrar con los Ángeles

De nuevo, debemos mirar las funciones administrativas del Espíritu Santo. Él da regalos separadamente como Él quiere darlos. El Espíritu Santo nos envía a sus ángeles para entregar los regalos de curación, milagros, señales y maravillas, unciones, e inclusive palabras proféticas o mensajes. Esto es solamente una muestra pequeña de lo que los ángeles han sido encomendados para desempeñar. No estoy sugiriendo que los ángeles son uno y lo mismo que el Espíritu Santo, eso sería absurdo. La función de los ángeles meramente es de ser Sus agentes. Verdaderamente ellos son enviados para "*...ministrar para aquellos los cuales deberán ser* los herederos de la salvación" (Hebreos 1:14)

Jesús dijo, Él vino a hacer lo que Él vio que el Padre estaba haciendo. ¿Podría ser, que parte de esto, era mirar a los ángeles para ver que es lo que ellos estaban trayéndole a la gente? Lo que Dios nos ha estado enseñando es que muchas veces los ángeles, ministran bajo la dirección y el poder del Espíritu Santo, y son los que traen la sanidad a alguien. Si usted piensa acerca de esto por un momento, podrá ver que es una maravillosa salvaguardia que nos guarda de convertirnos en orgullosos en nuestros ministerios de sanidad. Cuando nosotros vemos y nos damos cuenta que somos solamente socios o compañeros con los ángeles del Señor y una sanidad que Dios envió para alguien no tiene nada que ver con nosotros, debemos ser humildes. Podremos apartarnos y describir a la congregación cómo los ángeles están actuando sobre el auditorio trayendo las unciones para la sanidad. En realidad, de todos modos nosotros no estamos haciéndolo, con la excepción de ser obedientes.

A diferencia de los hombres quienes creerán que alguien clama estar hablando por Dios pero no está haciéndolo, los ángeles conocen a Dios, y saben cuando Dios, el Espíritu Santo, está hablándoles a través de un vaso humano. Los ángeles no aceptaran las instrucciones que vienen del espíritu de un hombre, solamente aceptan las instrucciones que vienen del Espíritu de Dios.

MINISTRANDO CON LOS ÁNGELES

NO MAL ENTIENDAN lo que se ha dicho. Dios quiere que ministremos con los ángeles para satisfacer Sus propósitos. Sin embargo, hay requisitos. Yo debo de estar sometido a la autoridad que Dios me dio. Mi mente deberá estar renovada. Mis emociones necesitan estar sometidas al Señor. Mi carne deberá morir y deberé estar caminando en los caminos del Señor y no en los míos propios.

UNA REVELACIÓN PROGRESIVA

No hay duda de que estamos viviendo en los últimos días. Habrá más revelaciones del Reino de Dios, del dominio del espíritu y de la Palabra de Dios, que este mundo nunca podría haberse imaginado. No hay nada que será aumentado a la Palabra, pero habrá muchos pasajes donde la interpretación profunda de Dios será revelada a Sus hijos. A través del tiempo, Dios ha estado construyendo una revelación más clara y más elaborada de Sí mismo. A Adán y Eva se les dio un fugaz resplandor; a Abraham se le reveló más, a Moisés, inclusive mucho más. A través del tiempo de Jueces, Reyes, y la cautividad, más y más revelaciones vinieron. Cuando Jesús caminó en la tierra una revelación magnífica y nueva vino en relación con el plan de salvación de Dios. En el día de Pentecostés una dimensión nueva y completa del Espíritu Santo fue revelada. Años después, la revelación vino para que los gentiles fueran incluidos en el plan de salvación. Muchos años después, la revelación vino a San Juan de qué sería lo que pasaría en los últimos días.

> *"Y yo oí, pero no entendí. Y dije: Señor mío, ¿cuál será el fin de estas cosas? Él respondió, Anda, Daniel, pues estas palabras están cerradas y selladas hasta el tiempo del fin..."*
> *-- Daniel 12:8-9*

> *"Para que el Dios de nuestro Señor Jesucristo, el Padre de Gloria, os dé espíritu de sabiduría y de revelación en el conocimiento de él: Alumbrando los ojos de vuestro entendimiento, para que sepáis cuál es la esperanza a que*

> *él os ha llamado, y cuáles las riquezas de la Gloria de su herencia en los santos."*
>
> *-- Efesios 1:17-18*

Las Escrituras nos enseñan que Dios revela cosas línea por línea, mandato por mandato. También, nosotros sabemos que Dios no ha terminado de revelarnos las cosas de Su iglesia.

> *"Como está escrito, Cosas que ojo no vio, ni oído oyó, ni han subido en corazón de hombre, son las que Dios ha preparado para los que le aman."*
>
> *-- 1 Corintios 2:9*

> *"Porque mandamiento tras mandamiento, mandato sobre mandato, renglón tras renglón, línea sobre línea, un poquito allí, otro poquito allá..."*
>
> *-- Isaías 28:10*

Hay una mayor profundidad de conocimiento de lo que está por venir a la Iglesia. Los ángeles vendrán para revelar muchos secretos que han estado sellados y para revelar - específicamente - qué es lo que va a pasar en estos últimos días. Esto no es una cosa nueva. Cinco veces, en sólo el Apocalipsis un ángel fue enviado a San Juan para mostrarle a él las cosas que pasarían. El primer verso del Apocalipsis dice que un ángel trajo la revelación.

> *"La Revelación de Jesús Cristo, que Dios le dio, para manifestar a sus siervos las cosas que deben suceder pronto; y la declaró <u>enviándola por medio de su ángel</u> a su siervo Juan,..."*
>
> *-- Apocalipsis 1:1*

Entonces en el Capítulo 4 San Juan dice,

> *"Después de esto miré, y he aquí una puerta abierta en el cielo; y la primera voz que oí, como de trompeta, hablando conmigo, dijo, Sube acá, y yo te mostraré las cosas que*

sucederán después de estas."

-- Apocalipsis 4:1

Otra vez, en el Capítulo 17 San Juan reporta que un ángel le está mostrando la revelación a él.

"Vino entonces uno de los siete ángeles que tenían las siete copas, y habló conmigo diciéndome, Ven acá, y te mostraré la sentencia contra la gran ramera, la que está sentada sobre muchas aguas ..."

-- Apocalipsis 17:1

Otro de los siete ángeles con los siete velos vino a San Juan en el Capítulo 21.

"Vino después a mí uno de los siete ángeles que tenían las siete copas llenas de las siete plagas postreras, y habló conmigo, diciendo: Ven acá, yo te mostraré la desposada, la esposa del Cordero."

-- Apocalipsis 21:9

Finalmente, Apocalipsis 22:6 confirma que Dios envió a Su ángel para mostrarle a Sus siervos las cosas que deben suceder pronto.

"Y me dijo, Estas palabras son fieles y verdaderas. Y el Señor, el Dios de los espíritus de los profetas, ha enviado su ángel, para mostrar a sus siervos las cosas que deben suceder pronto."

-- Apocalipsis 22:6

Note, el pasaje final no dice ha "enviado" Sus ángeles a San Juan, sino a <u>Sus siervos.</u> Justo como en el Apocalipsis, las instrucciones específicas y detalladas serán dadas a los siervos de Dios acerca de los futuros juicios en el mundo. La Iglesia será llamada para interceder por todas esas cosas. Los ángeles, como el hombre siempre obedecen a Dios. Ellos obedecen al más fino de los detalles. Si ellos están presentes en un servicio de la iglesia entonces nosotros sabemos que

El Ministrar con los Ángeles

Dios los ha enviado. El tiempo vendrá cuando será muy común el que Dios use a Sus siervos, los santos, junto con los ángeles en el ministerio. ¿Recuerdan cuando los siete ángeles vinieron esa noche, a ministrar en nuestro servicio? Fue mi obediencia al Espíritu Santo que descargó a los ángeles para hacer lo que habían sido enviados a hacer. Si yo no hubiera obedecido a Dios, los ángeles no hubieran podido consumar lo que ellos habían venido a hacer esa noche. Yo podría haber sido un desobediente y podría haber impedido al Espíritu Santo de obrar. De la misma manera, los santos serán usados por Dios para cooperar con los ángeles en ministrar. El punto que quiero hacer notar no es que los ángeles serán obedientes a nosotros, porque ellos no obedecerán al espíritu del hombre.

> *"Porque ¿quién de los hombres sabe las cosas del hombre, sino el espíritu del hombre que está en él? Así tampoco nadie conoció las cosas de Dios, sino el Espíritu de Dios. Y nosotros no hemos recibido el espíritu del mundo, sino el Espíritu que proviene de Dios, para que sepamos lo que Dios nos ha concedido."*
>
> *-- 1 Corintios 2:11-12*

> *"Si alguno habla, <u>hable conforme a las palabras de Dios</u>; si alguno ministra, ministre conforme al poder que Dios da, para que en todo sea: Dios glorificado por Jesucristo, a quien pertenecen la gloria y el imperio por los siglos de los siglos... Amen."*
>
> *-- 1 San Pedro 4:11*

Los ángeles obedecen a la voz del Espíritu de Dios que está dentro de nosotros. Esta interacción se convertirá en un caso frecuente para los creyentes que entren en este alto nivel de ministrar con los ángeles del Señor. Por ejemplo, en las Escrituras Dios instruyó a Ezequiel para mandar a los vientos, y entonces Dios nos dice en el Apocalipsis que hay ángeles quienes detienen los vientos.

MINISTRANDO CON LOS ÁNGELES

"Y me dijo: Profetiza al espíritu, profetiza, hijo de hombre, y di al espíritu: Así ha dicho Jehová el Señor: Espíritu, ven de los cuatro vientos, y sopla sobre estos muertos, y vivirán."
-- *Ezequiel 37:9*

"Después de esto vi a cuatro ángeles en pie sobre los cuatro ángulos de la tierra, que detenían los cuatro vientos de la tierra, para que no soplase viento alguno sobre la tierra, ni sobre el mar; ni sobre ningún árbol.
-- *Apocalipsis 7:1*

¿Por qué Dios tiene que usar a los hombres para que les pidan a los ángeles que hagan algo? ¿Por qué no justo se los dice Él mismo a ellos? Estas son buenas preguntas. Personalmente creo que Dios ya se lo ha dicho a los ángeles Él mismo. Así es cómo los ángeles saben si la persona con los que ellos están ministrando está oyendo verdaderamente a Dios y hablando sus palabras o no. Entonces, ¿por qué Dios quiere que una persona les diga a los ángeles algo? En Génesis, ¿a quién le dio Dios dominio sobre la tierra?

"Y los bendijo Dios, y les dijo: Fructificad y multiplicaos, llenad la tierra, y sojuzgadla, y señoread en los peces del mar, en las aves de los cielos, y en todas las bestias que se mueven sobre la tierra"
-- *Génesis 1:28*

Dios dio el dominio sobre la tierra al hombre. También nosotros creemos en la doctrina del "libre albedrío" la cual simplemente dice, Dios no violará la voluntad del hombre. Por ejemplo, el hombre debe pedir ser salvado. Este principio también es real a nivel corporativo. Dios no violará los dominios terrenales del hombre. Dios tiene que tener a alguien que esté de acuerdo con Él y pedirle que se mueva en las situaciones terrenales. Nosotros no podemos imponer nuestra voluntad a Dios y Dios no puede forzar Su voluntad en nosotros. En lugar de eso, Dios encuentra un recipiente listo para producir, deseoso de declarar Su voluntad en una situación. Ya que la voluntad y la

El Ministrar con los Ángeles

palabra de Dios van hacia un recipiente humano, Dios puede soltar a sus ángeles para llevar a cabo esa palabra. En el caso de enfermedades, sabemos que es la voluntad de Dios la que trae la sanidad. A veces, Él puede instruirnos a soltar a los ángeles enviados para ministrar la sanidad a aquellos que están en el servicio.

Déjeme asegurarle que no cualquiera puede nada más levantarse y empezar a soltar a los ángeles para ministrar. Si el Señor Nuestro Dios no ha instruido a esa persona para soltar a los ángeles, los ángeles simplemente no irán a hacerlo. Los ángeles solamente obedecen a Dios.

> *"Bendecid a Jehová, vosotros sus ángeles, poderosos en fortaleza, que ejecutáis su palabra, obedeciendo a la voz de su precepto. Bendecid a Jehová, vosotros todos sus ejércitos Ministros suyos, que hacéis su voluntad*
> *-- Salmos 103:20-21*

> *"Quien habiendo subido al cielo está a la diestra de Dios; y a él están sujetos ángeles, autoridades y potestades."*
> *-- 1 San Pedro 3:22*

Para nosotros es difícil entender que Dios a veces nos hable a través de lo angelical. Usted podría preguntar, "¿No es eso lo que el Padre, Jesús, y el Espíritu Santo se supone que deben hacer?" Debemos ser muy cuidadosos en no pensar que Dios está siendo reservado cuando Él escoge usar a Sus ángeles para que nos hablen en lugar de Él hablarnos directamente. ¿Por qué Dios necesita un intermediario? Debemos entender que los ángeles fueron creados para servir a Dios y como nos revelan las Escrituras fueron asignados para *"...ministrar para ellos quienes serán herederos de la salvación"* (Hebreos 1:14).

El Señor ama ver a Sus ángeles ministrar con los hombres. Realmente, la verdad de este hecho es que cuando un ángel nos habla es Dios Todo Misericordioso Él que nos está hablando. Si esto no fuera por la revelación y el discernimiento lo que Dios nos está dando, nosotros no podríamos saber la diferencia. Los ángeles son mensajeros de Dios.

MINISTRANDO CON LOS ÁNGELES

Encontramos esta verdad descrita una y otra vez en las Escrituras. Gabriel por ejemplo, le trajo mensajes a Daniel.

> *"Y oí una voz de hombre entre las riberas del Ulai, que gritó y dijo: Gabriel, enseña a éste la visión."*
> *-- Daniel 8:16*

> *"Aún estaba hablando en oración, cuando el varón Gabriel, a quien había visto en la visión al principio, volando con presteza, vino a mí como a la hora del sacrificio de la tarde. Y me hizo entender, y habló conmigo, diciendo, Daniel, ahora he salido para darte sabiduría y entendimiento."*
> *-- Daniel 9:21-22*

Gabriel también, fue enviado a Zacarías y a José con mensajes.

> *"Respondiendo, el ángel, le dijo: Yo soy Gabriel, que estoy delante de Dios; y he sido enviado a hablarte, y darte estas buenas nuevas."*
> *-- San Lucas 1:19*

> *"Al sexto mes el ángel Gabriel fue enviado por Dios a una ciudad de Galilea, llamada Nazaret, a una virgen desposada con un varón que se llamaba José, de la casa de David; y el nombre de la virgen era María."*
> *-- San Lucas 1:26-27*

Estos mensajes son solamente de las muchas, muchísimas veces que los ángeles han sido enviados para traer mensajes a las personas.

La mayoría del tiempo, los ángeles trabajan en el anonimato, siendo el Arcángel Miguel y el Arcángel Gabriel las excepciones. Estos son los dos ángeles que la Biblia menciona por nombre. ¿Por qué? De manera típica, la función de los ángeles es ser mensajeros de Dios <u>siendo la prioridad el mensaje no el mensajero</u>. Es esto solamente, porque esa es la soberanía de la voluntad de Dios en estos últimos días que estamos viendo el descubrimiento de este ejército increíble y divino.

El Ministrar con los Ángeles

Al tiempo que Dios revele a esos ángeles, a muchos de ellos se les permitirá decirnos sus nombres. Para muchos santos, esos ángeles serán muy íntimos y cercanos.

Aunque los ángeles no saben todo (no son omniscientes) como Dios, ellos tienen una habilidad supernatural del conocimiento. Por una parte, los ángeles pueden saber los pensamientos de usted. Con frecuencia, los ángeles le hablarán a usted del espíritu al espíritu. En San Lucas 1:29-30 dice, *"Más ella, cuando le vio, se turbó por sus palabras, y pensaba qué salutación sería esa. Entonces el ángel le dijo: María, no temas, porque has hallado gracia delante de Dios."* En otras ocasiones, Dios permitirá que su mente entienda lo que los ángeles están diciendo. También habrá otras ocasiones cuando usted tendrá una pregunta en su corazón, y el ángel la contestará sin hablar en voz alta. **La mejor forma de considerar esto es que el Espíritu Santo es omnisciente y Él simplemente les dice a los ángeles lo que usted está pensando.**

Los ángeles no son omniscientes u omnipresentes ya que necesitan las direcciones e instrucciones de Dios. En la Escritura, nosotros observamos que los tres miembros - la Trinidad - les dan a los ángeles instrucciones. Específicamente, Dios el Espíritu Santo habita en los nacidos de nuevo, en los creyentes llenos del Espíritu, y Él los ha escogido para hablar a través de estos recipientes humanos purificados y dedicados. Recuerden que 1 San Pedro 4:11 dijo, *"Si alguno habla, hable conforme a las palabras de Dios"*.

A través del tiempo, he aprendido que los ángeles saben si usted puede o no ver en el reino del espíritu. Si saben que usted no puede verles, usan otros métodos para obtener su atención. Esto pasa cuando un ángel está cerca de usted y usted percibe y discierne que el ángel está ahí, pero que no le ve. Deberá escuchar muy cuidadosamente para ver si él está diciendo o haciendo algo o necesitando que usted diga o haga algo. Los ángeles ejercitan gran paciencia cuando nosotros aprendemos a interactuar con ellos. **Otra vez, aquí yo quiero**

enfatizar que nosotros no tenemos que ver a los ángeles para poder ministrar con ellos.

Durante la oración, en numerosas ocasiones, varios ángeles han venido a darme armamentos, regalos o unciones. Muy a menudo, cuando doy mi paso al frente en fe y les recibo, siento cosas en mi espíritu. Puede ser el calor de la unción del ángel, el traqueteo de su presencia o una explosión de gozo imprevista. **Para poder ministrar con los ángeles se requiere nuestra fe como un entendimiento primario. Sin fe es imposible obtener acceso dentro del reino.**

Un ángel de Dios no viene a una persona a menos que Dios se lo envíe. Sin embargo, siempre debemos estar en vigilancia para poder discernir un ángel de la luz de un demonio enmascarado como un ángel del Señor. Créanme, los obscuros ángeles de Satanás intentan engañarle y guiarle para que se extravíe. San Pablo se refirió a estos ángeles oscuros quienes vinieron del trono de Satán en el segundo cielo cuando él dijo:

> *"No que haya otro, sino que hay algunos que os perturban y quieren pervertir el evangelio de Cristo. Mas si aún nosotros, o un ángel del cielo, os anunciara otro evangelio diferente del que os hemos anunciado, sea anatema..."*
> *-- Gálatas 1:7-8*

Lo que Dios le ha dado a Su iglesia es un poderoso don de discernimiento de espíritus. Además, a nosotros se nos ha dado la prueba que está en la Palabra.

> *"En esto conoced el Espíritu de Dios. Todo espíritu que confiesa que Jesucristo ha venido en carne, es de Dios":*
> *-- 1 San Juan 4:2*

> *"Por tanto, os hago saber que nadie que hable por el Espíritu de Dios llama anatema a Jesús y nadie puede llamar a Jesús Señor, sino por el Espíritu Santo"*
> *-- 1 Corintios 12:3*

El Ministrar con los Ángeles

Así como nos movemos en lo profético y en otros regalos del Espíritu Santo, debemos ejercitar el regalo del discernimiento para poder volvernos hábiles en eso. Recuerdo un encuentro específico que envolvía una batalla en la cual muchos demonios fueron llevados cautivos por los ángeles. Después de eso, yo podía seguir sintiendo una poderosa presencia en ese lugar. Cuando le pregunté a un ángel que estaba junto a mí qué era lo que estaba sintiendo, él me dijo que era el ángel oscuro gobernante. También él me instruyó que fuera muy cuidadoso porque el ángel oscuro podía ser muy engañoso.

Cuando ese demonio se acercó a mí, registré su presencia "intensamente" en mi espíritu. Para mi sorpresa sentí una buena presencia, no una presencia malvada predominante. Diferentemente que otros demonios con los que me he encontrado, las lenguas que él usó al hablar conmigo sonaban casi igual que las voces de uno de los ángeles de Dios. Yo no podía detectar al maligno. Sin embargo, Dios me dio el discernimiento de saber que esa no era una buena entidad.

Los ángeles traen mensajes de Dios. Así que, cualquier cosa que el ángel de Dios le diga a usted, es exactamente lo que Dios quiere que usted oiga. Es vital que entonces nosotros aprendamos cómo escuchar a esos mensajeros. El hacer eso necesita práctica.

Muchas veces, la distinción entre las acciones de Dios y las acciones de los ángeles se nublan a tal punto que casi pueden aparecer como iguales. Esas acciones aparecen como sinónimas, dado que los ángeles cumplen tan exactamente las instrucciones de Dios, ya que ellos son en realidad, un instrumento o agente de Dios. Los ángeles no hacen nada por su propia voluntad o a su manera, solamente ejecutan la Voluntad de Dios. Esta fase de la conducta angelical se nos reveló en Éxodo cuando Moisés vio la zarza ardiendo. Note usted cómo el segundo verso dice claramente que es un ángel el que se le está apareciendo a Moisés, y en el resto del pasaje dice una y otra vez que Dios llamó a Moisés y que Dios le habló a Moisés.

MINISTRANDO CON LOS ÁNGELES

> *"Y se le apareció el Ángel de Jehová en una llama de fuego en medio de una zarza: y él miró, y vio que la zarza ardía en fuego, y la zarza no se consumía. Entonces Moisés dijo: Iré yo ahora y veré esta gran visión, por qué causa la zarza no se quema. Viendo Jehová que él iba a ver, lo llamó Dios de en medio de la zarza, y dijo Moisés, Moisés Y él respondió: Heme aquí."*
> -- *Éxodo 3:2-4*

Téngalo presente, cuando los humanos interactuamos en el reino del espíritu, tenemos dificultades en ser capaces de discernir. Inclusive el Apóstol San Juan se confundió y varias veces tomó a un santo por un ángel y vice-versa.

> *"Yo me postré a sus pies para adorarle. Y él me dijo: Mira, no lo hagas; yo soy consiervo tuyo, y de tus hermanos que retienen el testimonio de Jesús. Adora a Dios, porque el testimonio de Jesús es el espíritu de la profecía..."*
> -- *Apocalipsis 19:10*

> *"Pero él me dijo: Mira, no lo hagas; porque yo soy consiervo tuyo, de tus hermanos los profetas y de los que guardan las palabras de este libro. Adora a Dios."*
> -- *Apocalipsis 22:9*

El tema no es quién está haciendo el ministerio – Dios Mismo o Dios vía uno de Sus agentes – un ángel, un patriarca, un santo o un creyente. El asunto es que el propósito de Dios ha sido realizado. La Biblia nos enseña que debemos de orar para que la voluntad de Dios se cumpla. El estar orando por la voluntad de Dios es lo que lleva a el ministrar con los ángeles.

> *"¿Acaso piensas que no puedo ahora orar a mi Padre, y que él no me daría más de doce legiones de ángeles? ¿Pero cómo entonces se cumplirían las Escrituras, de que es necesario que así se haga?"*
> -- *San Mateo 26:53-54*

El Ministrar con los Ángeles

> *"Así que Pedro estaba custodiado en la cárcel, pero la iglesia hacia sin cesar oración a Dios por él. Y cuando Herodes le iba a sacar, aquella misma noche estaba Pedro durmiendo entre dos soldados, sujeto con cadenas, y los guardas delante de la puerta custodiaban la cárcel. Y he aquí que se presento un ángel del Señor, y una luz resplandeció en la cárcel; y tocando a Pedro en el costado, le despertó, diciendo: Levántate pronto. Y las cadenas se le cayeron de las manos..."*
>
> *-- Hechos 12:5-7*

Cuando por primera vez alguien lee acerca de que la gente de Dios está interactuando con los ángeles, probablemente se le "prenderán las alarmas". ¿Cómo puede Dios usar a los humanos para soltar a los ángeles dentro de una situación? Debemos recordar que somos el templo del Espíritu Santo. El Espíritu Santo puede hablarles a los ángeles a través de nosotros. No debemos ver esto como órdenes que se nos dan, pero simplemente como cooperación con la Trinidad y con Sus ángeles. Es una cosa humillante imaginar que Dios podría usarnos para ministrar con Sus ángeles. Dios está entrenando a Sus hijos para poder desempeñar nuestro papel eterno de regir y gobernar con Él. No estoy diciendo que estamos rigiendo ahora, pero Dios está preparándonos para ese día.

> *"Y nos has hecho para nuestro Dios, reyes y sacerdotes, y reinaremos sobre la tierra..."*
>
> *-- Apocalipsis 5:10*

Debemos estar bien preparados para cuando llegue ese momento en el que Dios nos pida ayudarle a juzgar a los ángeles. ¿Sabe usted que la Palabra dice que un día nosotros juzgaremos a Sus ángeles?

> *"¿O no sabéis que los santos han de juzgar al mundo? Y si el mundo ha de ser juzgado por vosotros, ¿sois indignos de juzgar cosas muy pequeñas? ¿O no sabéis que vamos de*

MINISTRANDO CON LOS ÁNGELES

juzgar a los ángeles? ¿Cuánto más las cosas de esta vida?"
-- 1 Corintios 6:2-3

Las Escrituras no clarifican a cuáles ángeles.... pero nosotros sabemos que, los ángeles caídos – que ahora están en la oscuridad - también conocieron la Palabra.

Hay muchas razones por las que Dios está revelándonos a Sus ángeles en esta hora. Una de ellas es que nosotros necesitamos su ayuda. No podemos citar las Escrituras al diablo y a sus fuerzas y esperar que ellos se vayan corriendo con sus colas entre las piernas. El diablo no tiene miedo de la Escritura. ¡Él tiene miedo de la autoridad! El diablo es muy articulado cuando se refiere a saber la Palabra de Dios. Inclusive Satanás citó las Escrituras a Jesús, la Palabra Encarnada, cuando estaba tentándole en el desierto. Desdichadamente, Satanás enchueca las Escrituras. Usted puede hablarle la Palabra de Dios al diablo pero si él no le conoce a usted, tendrá un serio problema.

Hechos 19 nos dice que los siete hijos del Sebedeo quienes trataron simplemente de hacer lo que Jesús hacía se metieron en una gran dificultad.

"Pero respondiendo el espíritu malo, dijo: A Jesús conozco, y sé quien es Pablo; pero vosotros ¿quiénes sois? Y el hombre en quién estaba el espíritu malo, saltando sobre ellos dominándolos, pudo más que ellos, de tal manera que huyeron de aquella casa desnudos y heridos..."
-- Hechos 19:15-16

El espíritu malo les dijo a ellos: ¿Quiénes sois? El espíritu humano sabía quién tenía autoridad y quién no la tenía. Él sabía quién ya había podido superar lo demoníaco en la guerra espiritual y en la intercesión y quién no había podido hacerlo.

¿Cómo sabe Satanás quién está en autoridad y quién necesita ser reconocido en autoridad? Déjeme usted recordarle primero que al principio de este Capítulo dije que los ángeles son enviados para darle armamentos, unciones y regalos. Estos pueden ser vistos en el reino del espíritu. Satanás reconoce y tiene miedo de los colores que su espíritu irradia. Él observa los honores que el Señor ha puesto sobre usted y los armamentos especialmente diseñados que Jesús le ha enviado a usted. Sus ojos ven las marcas de su vestidura espiritual donde el nombre del Señor ha sido inscrito. Satanás puede saber que usted ha estado con Jesús por la luz que brilla dentro de suyo. Quizá sea la compañía de los ángeles que le siguen a usted porque ha ganado autoridad y el Señor protege a Sus profetas.

> *"No toquéis, dijo, a mi ungido, Ni hagáis mal a mis profetas."*
> *-- Salmos 105:15*

> *"Y oró Eliseo, y dijo: Te ruego, OH Jehová que abras sus ojos para que vea. Entonces Jehová, abrió los ojos del criado, y miró, y he aquí que el monte estaba lleno de gente de a caballo, y de carros de fuego alrededor de Eliseo. "*
> *-- 2 Reyes 6:17*

> *"Pues a sus ángeles mandará acerca de ti, Que te guarden en todos tus caminos."*
> *-- Salmos 91:11*

¿Podría ser que el diablo haya oído acerca de las victorias que usted ha tenido – en nombre del Señor - sobre algunos de sus ardientes guerreros? Esos guerreros de Satanás han regresado a él con heridas que fueron asestadas por algunos armamentos desconocidos para el reino oscuro. Sí, el Señor está envolviendo a Sus santos dentro de la batalla angelical de todas las épocas. Y usted se preguntará, ¿Qué quiere usted decir con eso? ¿No ha tenido lugar ya esa guerra? Quizá, sea tiempo de re-evaluar nuestra escatología y abrir nuestros corazones a lo que Dios nos está revelando acerca de estos últimos días.

Vamos a repasarlo. Si un ángel santo viene a nosotros tiene que ser por la voluntad de Dios y cualquier cosa que él diga tiene que ser lo que Dios le ha instruido que diga. Los ángeles nunca actúan independiente

MINISTRANDO CON LOS ÁNGELES

del Señor. ¡No hay excepciones! El ministrar con los ángeles de Dios es el más seguro de los ministerios, en el cual podríamos estar envueltos. La parte más difícil del ministrar con los ángeles es aprender cómo reconocer su presencia. Inclusive si usted no puede ver a los ángeles, el Señor puede enseñarle cómo interactuar con ellos. Cuando uno o más ángeles le han sido enviados a usted, relájese y goce de la presencia del Señor que ellos emanan. Esté expectante del porqué Dios se los ha enviado, para decirle algo o para darle algo a usted. Una vez que haya llegado a conocer a fondo esto, usted estará en el camino para descubrir algunas de las increíbles cosas en el reino de Dios.

El Ministrar con los Ángeles

Capítulo 7

SOMETIÉNDOSE A LA AUTORIDAD

> *"Tuya es, oh Jehová, la magnificencia y el poder, la gloria, la victoria y el honor; porque todas las cosas que están en los cielos y en la tierra son tuyas. Tuyo, oh Jehová, es el reino, y tú eres excelso sobre todos..."*
>
> -- 1 Crónicas 29:11

En los primeros encuentros angelicales, cuando los ángeles tenían un mensaje o una entrega que hacer, ellos primero iban al Pastor Crawford para obtener su permiso para acercárseme o hablar conmigo. Eventualmente, el Señor le dijo al pastor que autorizara a los ángeles para tener libre acceso a mí, sin contar con él primero. Este protocolo es sumamente crucial si usted quiere el influjo de lo angélico en su iglesia y en su vida personal. Si en su iglesia la autoridad no tiene una estructura apropiada o si el liderazgo en su iglesia no quiere involucrarse en el ministerio angelical, habrá limitaciones o no habrá un ministerio angelical.

Los ángeles son parte del más perfecto orden de autoridad. Dios estableció la autoridad y los ángeles la obedecen completamente y operan dentro de esa estructura.

> *"Y dijo: Jehová Dios de nuestros padres, ¿no eres tú Dios en los cielos, y tienes dominio sobre todos los reinos de las*

> naciones? ¿No está en tu mano tal fuerza y poder, que no hay quien te resista?"
>
> -- 2 Crónicas 20:6

Dios ha establecido estructuras de autoridad por toda la creación, en la tierra, en el cielo y en el infierno.

> "Y Jesús se acercó y les habló diciendo: Toda potestad me es dada en el cielo y en la tierra."
>
> -- San Mateo 28:18

Ambos, el reino de los cielos y el reino de los infiernos, operan dentro de los niveles de autoridad. Los dos, los ángeles y los demonios tienen rangos. Los ángeles son muy respetuosos de todos lo niveles de la autoridad establecida por Dios.

Los ángeles no se saltarán de la autoridad de un pastor mayoritario para trabajar con un pastor auxiliar, un miembro de la mesa directiva, un miembro anciano, o un miembro. Ellos operan completamente dentro de la autoridad estructurada que Dios ha establecido, fluyendo o emanando del líder principal a través de toda la directiva y después dentro de la congregación. Es imperativo que los miembros de la congregación NO se salgan de debajo de las autoridades establecidas.

> "Y Jesús le dijo, Yo iré y lo sanaré. Respondió el centurión y dijo: Señor, no soy digno de que entres bajo mi techo, solamente dí la palabra, y mi criado sanará. Porque también yo soy hombre bajo autoridad, y tengo bajo mis órdenes soldados, y digo a éste: Vé, y va; y al otro: Ven, y viene; y a mi siervo: Haz esto, y lo hace.
>
> -- San Mateo 8:7-9

Yo interactúo con muchos ángeles, pero siempre permanezco bajo completa sumisión a mi pastor. Si decidiera rebelarme y empezar a hacer cosas por mí mismo, perdería mi oportunidad y la habilidad de ministrar con los ángeles. ¡Dios no tolerará la rebelión! Si nosotros queremos caminar en su reino angelical, debemos someternos a la

SOMETIÉNDOSE A LA AUTORIDAD

autoridad. He sido testigo de lo ocurrido a algunas personas que se habían rebelado y habían empezado a tener visitaciones y conversaciones con los espíritus malos. Por desgracia, la persona que se rebeló no discernió que quien estaba hablándole no era un ángel del Señor sino un ángel de la oscuridad, y ya era demasiado tarde, la destrucción de su vida había empezado.

La estrategia del reino de la oscuridad es tratar de que la gente se salga de la estructura de la autoridad. El salirse, rebelarse o ponerse en contra de la autoridad que Dios ha puesto en su vida, le da a Satanás el derecho de engañar y de destruirle a usted.

> *"Y Samuel dijo: ¿Se complace Jehová tanto en los holocaustos y victimas, como en que se obedezca a las palabras de Jehová? Ciertamente el obedecer es mejor que los sacrificios, y el prestar atención que la grosura de los carneros. Porque como pecado de adivinación es la rebelión, y como ídolos e idolatría la obstinación. Por cuanto, tú desechaste la palabra de Jehová, Él también te ha desechado para que no seas rey. "*
> -- 1 Samuel 15:22-23

Permítame usted querido lector, ilustrar esto para los pastores y sus iglesias quienes están deseando que Dios les permita que Su reino entre en sus ambientes. Como lo hemos dicho anteriormente, el señor pastor debe desear esto o querer que esto acontezca. Una vez que el pastor se somete el mismo a los propósitos de Dios en su vida personal y en la de su iglesia, entonces está listo. El personal de la iglesia también debe estar comprometido en este programa. Si hay resistencia de un empleado de la iglesia, Dios le sacará. Dios no puede permitir que sean dichas palabras graves acerca de ese aspecto de Su reino. La operación del ministrar con los ángeles es una parte vital del trabajo del Espíritu Santo. Dios es extremadamente sensible a las palabras que se hablan en contra de esta operación y Él pesa esas palabras cuidadosamente.

El Ministrar con los Ángeles

Una vez que el personal pastoral está en línea, Dios puede empezar a moverse a través de la estructura del liderazgo y de la congregación. Cada iglesia tendrá su propio nivel de resistencia en contra de este movimiento, pero Dios es magnánimo. Dios tiene Su forma de suavizar los corazones o de quitar del camino a los que están en resistencia. El liderazgo de su iglesia NO DEBE REACCIONAR en la carne. Debe al contrario permitir al Espíritu Santo que haga Su trabajo. Hay aquellos en nuestra congregación que al principio, nunca desearon ser hombres y mujeres de fe y poder. Hoy, esas mismas personas fluyen maravillosamente en las cosas del Señor y el ministrar con los ángeles.

Además, muchas de las personas que han dejado nuestra iglesia, tengo que aceptar que yo pensaba que, algún día, ellos iban a ser líderes en nuestra congregación. Pero el Señor les llevó a otra iglesia. Por eso, los dirigentes no deben tratar de detener a alguien que el Señor transitivamente está poniéndo en otra congregación.

Yo puedo casi garantizarle a usted, querido pastor, que una vez que usted se enfoque en moverse dentro de los profundos reinos del Espíritu, muchos debajo de su liderazgo se deslizaran y se quejaran. Muchos se irán de su iglesia... esto podría incluir a los miembros de la mesa directiva, maestros, y sus mayores contribuyentes. ¡Sí, esto será un proceso doloroso! Todo en lo natural le dirá que usted ha tomado una decisión errónea. Sin embargo, una cosa es certera, Dios Se mostrará en sus horas de oración en una forma que no le dejará a usted con ninguna duda. Él estará satisfecho con esta transformación dentro de su iglesia.

Cuando usted acepte la invitación de entrar en esa dimensión del reino de Dios, las relaciones serán probadas. En caso donde un esposo creyente desea seguir a Dios con pasión y su esposa creyente no lo desea, ellos estarán forzados en tomar una decisión para irse o quedarse. Aunque hay excepciones, muchas veces sus decisiones resultarán en la pérdida de la pareja. Tiene que haber un acuerdo dentro del matrimonio. ¿Por qué? Porque el Señor quiere unidad en

SOMETIÉNDOSE A LA AUTORIDAD

Su cuerpo y no quiere absolutamente ningún nivel de rebelión. En algunos casos, donde el creyente tiene una esposa que no es creyente esto no es tan importante.

"Porque el marido incrédulo es santificado en la mujer, y la mujer incrédula en el marido, pues de otra manera vuestros hijos serían inmundos, mientras que ahora son santos."
-- *1 Corintios 7:14*

Un pastor podría realizar que sus amigos mas queridos están del otro lado del tema. Usted debe estar queriendo dejar todo para ir hacia Dios en esta forma. El Señor debe ser lo único que usted persiga. Este seguimiento pone cualquier otra cosa a un lado. Los buenos deseos deben de dejar entrar primero a los deseos de Dios.

Como hemos dicho, los ángeles son extremadamente sensibles para fluir en la autoridad estructurada sea en el núcleo familiar o en una estructura más compleja como es la de una iglesia. Los ángeles del Señor son más respetuosos, inclusive de la autoridad estructurada del reino de la oscuridad. Los ángeles del Señor reconocen la autoridad que los ángeles de la oscuridad tenían antes de su caída. Los ángeles no cercan a los demonios o golpean indiscriminadamente a algún demonio que se atraviesa en su camino. San Judas 1:9 demuestra mejor el hecho cuando dice, *"Pero cuando el arcángel Miguel contendía con el diablo, disputando con él por el cuerpo de Moisés, no se atrevió a proferir juicio de maldición contra él, sino que dijo: El Señor te reprenda."* Los ángeles esperarán por otro ángel del Señor – de igual o más alto rango de su demoníaca contraparte – para que venga a darles las órdenes acerca de lo que hay que hacer con sus enemigos. En el Antiguo Testamento, el ángel enviado para traerle una contestación a Daniel fue prevenido de llegar a él por el alto rango y poder del demoníaco Príncipe de Persia. Fue necesario que Miguel, el arcángel, viniera en su ayuda (Daniel 10:13-21)

El fondo del asunto es que los ángeles respetan la autoridad. Pastor, usted no tiene nada que temer cuando los ángeles de Dios empiecen a

El Ministrar con los Ángeles

llegar a su iglesia. Usted no tendrá que preocuparse acerca de la posición más alta que se le ha otorgado a otro líder, el cual quizás está circundando su autoridad. El enemigo ha hecho lo mejor que ha podido para prevenir esta operación de los ángeles de ministrar con los hombres. Él ha pervertido la verdad y ha creado toda clase de rebeliones dentro de las iglesias, con lo cual, ha prevenido a los ángeles el ministrar como lo deberían haber hecho.

Querido Pastor, usted debe encontrar primero, a quién está usted sometido. ¿Está usted sometido primeramente a Dios y a lo que Dios quiere? O ¿está usted sometido a su propia visión, a la visión de su mesa directiva o a la visión de un donador rico? Usted debe ser honesto consigo mismo... ¿a quién está usted siguiendo realmente? Últimamente ¿está su iglesia recibiendo esa dirección de una organización o de Dios Mismo? Una vez que usted tome la decisión de seguir la voz de Dios, eso querrá decir que habrá cambios enormes en su vida personal y en su iglesia.

Usted puede estar seguro de que los ángeles saben si es obediente a la voz de Dios o no. No puede usted esperar una visitación y la última habitación en el Reino de Dios, sin un compromiso - sin temblores - al proceso de Dios Todopoderoso.

Eventualmente, Dios ayudará a cada iglesia para obtener subestructuras dentro de Su orden. Por ejemplo: varios ministerios y programas. Para hacer esto, el Señor revelará al pastor la autoridad espiritual y las unciones que Él le ha dado a cada miembro. Una vez que las unciones y regalos del Señor han sido identificados, los miembros serán <u>transicionados</u> dentro de sus apropiadas posiciones en la iglesia. Muchos problemas y ataques que las iglesias han sufrido han sido el resultado de asignar a personas en puestos o posiciones de autoridad basándose en sus habilidades naturales o mundanas y – no espirituales. Estas habilidades podrían incluir la educación, la edad e inclusive cuánto tiempo haya sido salva esa persona. El Señor nos ha enseñado que una persona puede haber sido salva por 30 años y seguir alimentándose de la "mamilla" espiritual.

SOMETIÉNDOSE A LA AUTORIDAD

"De manera que yo, hermanos, no pude hablaros como a espirituales, sino como a carnales, como a niños en Cristo: Os di a beber leche, y no vianda, porque aún no erais capaces, ni sois capaces todavía..."
-- *1 Corintios 3:1-2*

¡Ya puedo oír las alarmas prendiéndose! "¿Cómo podremos poner a alguien más joven y con menos experiencia en una posición de autoridad en nuestra iglesia?" Es crucial que veamos con nuestros ojos espirituales. Debemos colocar a personas donde Dios intenta colocarlas para ministrar. Habrá muchos jóvenes quienes vendrán y rápidamente se elevarán a las alturas espirituales. Ellos empezarán "comiendo carne" y deseando las cosas profundas de Dios y no estarán satisfechos con nada menos. Aquellos que estén "chupando la mamilla" se volverán celosos y criticarán a los más jóvenes y miembros apasionados.

Pastor, ahí es donde usted tendrá que hacer una dura selección. ¿Oirá usted a aquellos quienes han sido sus contribuyentes o a los que le han apoyado a través de muchos años pero quieren mantener todas las cosas iguales? ¿Escuchará usted al Espíritu de Dios y caminará en la fe, permitiendo a Dios que le regale a esos jóvenes del Señor para que su iglesia se mueva en la dirección de Dios? **No me malinterprete. La edad no es la habilidad, sólo es una calificación para la posición. La madurez Espiritual, la obediencia a Dios, la sumisión a la autoridad, la intimidad y la comunión con Dios, estas son las habilidades. ¡Dios mira al corazón!**

"Y Jehová respondió a Samuel. No mires a su parecer; ni a lo grande de su estatura, porque yo lo desecho; porque Jehová no mira lo que mira el hombre; pues el hombre mira lo que está delante de sus ojos, pero Jehová mira el corazón. "
-- *1 Samuel 16:7*

Otra vez, aquí debemos preguntarnos a nosotros mismos si esto merece la pena. Pastor, por favor hágase esta pregunta antes de que

El Ministrar con los Ángeles

empiece a hacer cualquier cambio. "¿Quiero ir a través del infierno para hacer que los cielos bajen?" Debe usted tener un compromiso personal que básicamente diga: "Dios, yo preferiría morir que no someterme a tus propósitos." Como pastor, usted debe estar dispuesto a perder personal y miembros de su congregación. Dios debe ser primero, no hay excepciones.

¿Puede usted soportar la presión de los miembros de su familia esforzándose o contendiendo con usted acerca de su decisión de seguir a Dios? Jesús nos previno que eso es exactamente lo que vendrá.

> *"Porque he venido para poner en disensión al hombre contra su padre, a la hija contra su madre, y a la nuera contra su suegra; y los enemigos del hombre serán los de su casa. El que ama a padre o madre más que a mí, no es digno de mí."* -- *San Mateo 10:35-38*

Este pasaje fue mencionado en el contexto de cómo será estar sirviendo a Dios en los últimos días. Mientras que oramos para que nuestros parientes cercanos y lejanos permanezcan unidos como familia, también debemos estar listos para continuar, inclusive si eso significa el continuar solos.

Capítulo 8

ENTRANDO EN EL REINO DEL ESPÍRITU

"Ciertamente no me conviene gloriarme, pero vendré a las visiones y a las revelaciones del Señor. Conozco a un hombre en Cristo, que hace catorce años (si en el cuerpo, no lo sé; si fuera del cuerpo, no lo sé. Dios lo sabe) fue arrebatado hasta el tercer cielo y conozco al tal hombre (si en el cuerpo, o fuera del cuerpo, no lo sé; Dios lo sabe),... "
-- 2 Corintios 12:1-3

Con el paso del tiempo, los ángeles empezaron a hablar conmigo. A veces, podía oír sus voces en mi espíritu, mientras que otras veces ellos me interrumpían cuando oraba en el Espíritu. Esto se convirtió en un incidente cotidiano. ¿Qué era lo que decían? Usualmente, eran palabras de aliento y de afirmación del amor de Él hacia mí. A veces era más para remachar. Un día, mientras estaba orando en la iglesia, dos ángeles vinieron y me llevaron en el espíritu a un lugar donde un hombre estaba acostado en la calle, muriéndose de un balazo o de una herida de cuchillo. Después el Señor me tuvo orando por él y fui llevado de regreso a la iglesia.

Así como esas visitaciones continuaron, así también aumentó el nivel de interacción con los ángeles en ambas formas: en duración y en intensidad. Empecé a sentirles con más regularidad cuando caminaba en la iglesia, orando. ¡Muchas veces Su presencia me lanzaba al piso!

El Ministrar con los Ángeles

Era como si estuviese caminado dentro de un campo eléctrico. Después de un tiempo ellos empezaron a traerme regalos y unciones.

Todo el tiempo el Señor me afirmaba que esas visitaciones angelicales eran de Él y que continuarían a ocurrir. Conforme los meses pasaron, no era raro que un ángel se sentara en la banca de la iglesia junto a mí y hablara. Sin embargo, la mayoría del tiempo, los ángeles venían cuando había una misión particular por hacer o un ejercicio de entrenamiento por terminar.

Durante el primer año en este nuevo movimiento de Dios, nosotros experimentamos una intensa guerra durante nuestros tiempos de intercesión. Nuestras oraciones eran en voz alta y a veces completamente violentas. No era inusual para mí salir de esos tiempos de oración con mi camisa mojada de sudor. Esta clase particular de oración era muy intensa.

Después de muchos meses más de entrenamiento en el espíritu para ser sensible a la presencia de los ángeles, el Señor empezó a bajarme a los infiernos a través de aperturas espirituales llamadas portales. Había veces que sabía que los ángeles del Señor estaban conmigo y otras veces, no estaba seguro. Fui llevado a varios lugares en el infierno donde vi seres encapuchados y varios otros demonios. En una ocasión, vi a un espíritu asesino sentado en su trono. Cuando él notó que yo venía, se paró, caminó hacia la apertura del portal, se paró dentro del portal y entonces desapareció. Bajé a diferentes corredores donde las almas perdidas estaban en prisión. No se me pidió que pasara mucho tiempo en el infierno. Había una guerra, pero la mayoría del tiempo lo pasaba observando. Ciertamente, tengo que admitir, que me sentí aliviado cuando las excursiones al infierno finalmente terminaron.

En los tiempos de descanso entre las misiones espirituales, los ángeles venían y me enseñaban acerca de la lucha espiritual. Frecuentemente, ellos me traían armamentos para ser usados mientras estaba en esas misiones espirituales. Había muchas clases y diferentes tamaños de

ENTRANDO EN EL REINO DEL ESPIRITU

espadas que los ángeles me traían. Además, me enseñaron muchos movimientos de las manos y del cuerpo, similares a las artes marciales. Yo no estoy seguro, pero me veía muy extraño en el balcón de nuestra iglesia durante nuestros tiempos de intercesión cuando los ángeles y yo íbamos a través de este tipo de entrenamiento.

Día tras día, estaba interactuando en el reino del espíritu con gran fluidez. Mi fe aumentaba diariamente cuando por fe, participaba y entrenaba con los ángeles. Muchas veces, tenía que estirarme y tomar los armamentos de los ángeles y practicar usándolos. A veces, yo tenía palos que eran usados como armamentos. Los ángeles eran muy pacientes con mi lento progreso. Usted tiene que entender que esos ángeles son muy inteligentes. Inclusive, ellos tienen que aminorar la rapidez de sus lenguajes para que seamos capaces de entenderlos.

Lo que siguió después del tiempo que pasé luchando en el espíritu y observando las actividades en el infierno, fue el ser llevado a lo que algunos podrían llamar, "el segundo cielo". Los ángeles me llevaron a través de varios pasadizos, salas y portales. En cada entrada había por lo menos un demonio con el que tenía que pelear para poder pasar esa entrada. El grado de forcejeo y los tipos de destrezas necesitadas para luchar variaban en cada entrada. Inclusive, aunque los ángeles me estaban acompañando, tenía que pelear solo. Usualmente, los ángeles que estaban conmigo me decían lo que me esperaba en cada sala. Esas áreas con compuertas se sentían increíblemente malditas, pero no tanto como el terror que sentí cuando pasé a través del infierno.

En algunas de esas entradas, los demonios instigaban una pelea de miedo. Yo fui maldecido, amenazado, golpeado, acuchillado, y ahorcado por demonios. ¿Sentí algún dolor? ¡Absolutamente! Sé que hay algunos quienes no creen en que sea posible que lo que estoy diciendo pueda ser verdad, pero la pelea fue muy real. Por ejemplo, cuando un demonio atentaba ahorcarme, cortaban físicamente mi respiración hasta que fuese capaz de liberarme. Yo podía sentir como me apretaban mi tráquea. Se preguntará usted: ¿Cómo podía usted

El Ministrar con los Ángeles

liberarse? A través del poder del nombre de Jesús. El pronunciar el nombre de Jesús no siempre es algo fácil de hacer cuando le están ahorcando. Había muchos días cuando salía de una intercesión adolorido y totalmente exhausto.

Estos encuentros generaron algunas serias conversaciones con el Señor. "¿Dónde están todas esas Escrituras que mencionan cómo vencer al diablo?" "Ninguna arma forjada contra ti prosperará... y condenarás toda lengua que se levante contra ti en juicio" Isaías 54:17. No solamente era inexperto pero también era ignorante. Estaba tirado en el suelo mientras que me golpeaban. No me malinterprete. Los ángeles y yo estábamos ganando las batallas pero por alguna razón terminaba con un montón de heridas sufridas durante ese proceso. El Señor sabía lo que Él estaba haciendo. Con cada batalla y cada victoria mi fe estaba acrecentándose, también mi autoridad en el reino del espíritu. Durante las subsecuentes semanas, empecé a sentir menos y menos dolor después de esos encuentros con los demonios. También estaba aprendiendo de otras Escrituras, donde muchos héroes de fe lucharon, fueron heridos e inclusive fueron asesinados.

> *"Que por fe conquistaron reinos, hicieron justicia, alcanzaron promesas, taparon bocas de leones, apagaron fuegos impetuosos, evitaron filo de espada, sacaron fuerzas de debilidad, se hicieron fuertes en batallas, pusieron en fuga ejércitos extranjeros. Las mujeres recibieron sus muertes mediante resurrección, más otros fueron atormentados, no aceptando el rescate, a fin de obtener mejor resurrección. Otros experimentaron vituperios y azotes, y a más de esto prisiones y cárceles. Fueron apedreados, aserrados, puestos a prueba, muertos a filo de espada; anduvieron de acá para allá cubiertos de pieles de ovejas y de cabras, pobres, angustiados, maltratados de los cuales el mundo no era digno; errando por los desiertos, por los montes, por las cuevas y por las cavernas de la tierra. Y todos éstos, aunque alcanzaron buen testimonio mediante la fe, no recibieron lo prometido;..."*
> *-- Hebreos 11:33-39*

ENTRANDO EN EL REINO DEL ESPIRITU

Hoy, las guerras con las que me encuentro tienen un efecto diferente en mí. Ahora no experimento tantos ataques físicos como los que experimentaba antes. En lugar de eso, el enemigo ahora tiende a atacar mis emociones. Usted se preguntará, "¿Por qué cambiaron los ataques?" Todo eso es parte del plan de Dios para mi entrenamiento y solamente Él sabe la razón de la siguiente fase. Yo confío en Dios, entonces le sigo y le obedezco a Él, no importando lo que Él me pida hacer en la batalla.

Uno de los beneficios más importantes de tener a los ángeles con usted, es cuando se pasa a la batalla del segundo cielo. Cuando se acrecente el nivel de su autoridad, el envolvimiento angelical durante las luchas aumentará también. Al principio de mi entrenamiento, tenía que hablar con los demonios individualmente. Muy frecuentemente, ellos me amenazaban con matar a una persona querida para mí y a mí mismo. El envolvimiento de los ángeles aumentó hasta el punto que ellos empezaron a hablar con los demonios directamente, y si yo tenía cualquier cosa que decir al demonio, se lo decía al ángel y el ángel hablaba por mí. ¿Puede ver cómo cada encuentro requería que yo escuchara al Señor y le obedeciera? No podía simplemente luchar cada nueva batalla o completar cada nueva misión de la misma forma como lo había hecho en la última. Tenía que estar atentamente a tono con lo que Dios me quisiese decir todos los días.

Déjeme explicarle a usted una palabra que introduje al principio de este Capítulo que pronto se convertirá en una parte del vocabulario cristiano. La palabra es "portal." Un portal es una entrada en el reino del espíritu. Hay carreteras portales en los cielos, portales que bajan hacia el infierno, y portales que nos conectan con uno y otro aquí en la superficie de la tierra. Los portales que están en la tierra y en el infierno son diferentes de aquellos que corren a través de los cielos. Los ángeles vuelan a través de esos portales a la velocidad de la luz. Si usted lo recuerda, mencioné al espíritu asesino en las profundidades de los infiernos donde caminó ahí, dentro de un portal. He visto eso mismo en otros lugares en los cielos. La Escritura está llena con referencias de esas entradas.

El Ministrar con los Ángeles

> *"Después de esto, mire, y he aquí una **puerta** abierta en el cielo; y la primera voz que oí, como de trompeta, hablando conmigo, dijo: sube acá, y yo te mostraré las cosas que sucederán después de éstas."*
>
> *-- Apocalipsis 4:1*

> *"Así también vosotros, cuando veáis que suceden estas cosas, conoced que está cerca, a las puertas."*
>
> *-- San Marcos 13:29*

La palabra "puerta" en ambas de estas Escrituras viene de la palabra griega "thura".

> *Thura: (thoo'-rah); como lo cita el libro Strong's Greek #2374 aparentemente una palabra primaria [compara "puerta"]; <u>un portal</u> o entrada (la entrada o la cerrada, literal o figurativamente):- puerta, contrapuerta.*

El enemigo ha estado usando esos portales por milenios. Cualquiera de ellos, los ángeles de Dios o los demonios guardan la mayoría de esos portales. Uno debe tener autoridad específica para poder tener acceso a esos portales. Los demonios pueden moverse por arriba y por debajo de los infiernos y en y alrededor de la tierra vía esos portales.[6]

En las misiones a las que el Señor me enviaba, vi o viajé a través de esos portales. Para mí propio asombro, vi multitudes de ángeles de la oscuridad accediendo a las carreteras de portales en las regiones celestes del segundo cielo. Los espíritus de los humanos, también tenemos acceso a algunos de esos portales. Los individuos que están en asociación con los demonios entran en esos portales usando métodos conocidos como la proyección astral.

La proyección astral es la falsificación de Dios hecha burdamente por el enemigo que toma el espíritu de una persona y lo lleva a un lugar del enemigo. ¡Esta es una actividad increíblemente peligrosa! ¡Puede ser mortal! Además de sufrir las consecuencias eternas de la asociación con los demonios, las personas que practican la proyección astral se envejecen prematuramente o inclusive mueren durante ese proceso[7].

Estimado Pastor, recuerde que es muy importante – antes de tratar de introducir a su congregación el proceso de "ministrar con los ángeles"¬ que su congregación esté lista para eso. Es indispensable que vuelva a enfatizar que todos debemos estar sometidos a la autoridad dentro de nuestra iglesia, como detalladamente lo mencioné en el capítulo anterior: Sometiéndose a la autoridad.

Cuando mi Señor Pastor me dio la luz verde para continuar, la congregación empezó a ver y sentir las experiencias de las visitaciones angelicales.

Permítame usted volver a antes de que los ángeles empezasen a visitarnos con regularidad para entrenarnos en la guerra espiritual. Nosotros no nos habíamos enfocado en las palabras, "contrapuertas", "puertas", "carreteras" y frases similares que son usadas en las Escrituras frecuentemente.

Después de que el Señor Pastor Crawford me confió esta importante misión de nuestra iglesia fue cuando empezó mi entrenamiento con los ángeles. En ese momento fue cuando empecé a comprender que muchísimas de las misiones a las que los ángeles del Señor me llevaban, estaban directamente relacionadas para obtener acceso a o control sobre esos portales.

Una de las cosas que el Señor nos ha mandado hacer es limpiar los portales obstruidos o disputados que se extienden en las líneas paganas del segundo cielo hacia dentro del tercer cielo. La Biblia habla de estos tres cielos específicamente,

> *"El que descendió, es el mismo que también subió por encima de todos los cielos para llenarlo todo."*
> *-- Efesios 4:10*

El Ministrar con los Ángeles

El conocido evangelista Derek Prince tiene un libro que se lee muy rápido, Guerra Espiritual "Spiritual Warfare"[8], el cual nos da una excelente fotografía de cómo están divididos los cielos. En este libro se indica que la palabra "todo" siempre se refiere por lo menos a tres partes. El Señor Prince continúa diciendo que, "nosotros necesitamos comprender que los cuarteles generales de Satanás no están en el infierno, pero en las líneas paganas de los cielos." "Los cuarteles generales del reino de Satanás están ubicados entre los cielos visibles y el cielo donde vive el Señor."[9] El "cielo visible" es el primer cielo y el "cielo donde habita Dios" es el tercer cielo.

> *"Porque no tenemos lucha contra sangre y carne, sino contra principados, contra potestades, contra los gobernadores de las tinieblas de este siglo, contra huestes espirituales de maldad en las regiones celestes..."*
> *-- Efesios 6:12*

Estas "regiones celestes" son a lo que nosotros nos referimos como el segundo cielo. En este versículo, también vemos que el reino de Satanás definitivamente tiene niveles de autoridad. Créame, el enemigo sabe exactamente lo que está haciendo. Aún, Jesús alude a lo cohesivo del reino de Satanás.

> *"Sabiendo Jesús los pensamientos de ellos, les dijo: Todo reino dividido contra sí mismo, es asolado, y toda ciudad o casa dividida contra sí misma, no permanecerá. Y si Satanás echa fuera a Satanás, contra él mismo, está dividido, ¿cómo, pues, permanecerá en su reino?"*
> *--San Mateo 12:25-26*

En particular, nosotros como congregación, frecuentemente hemos sido asignados por el Señor para despejar los portales, los cuales se extienden de nuestra iglesia hasta adentro del área del trono de Dios, en el tercer cielo. Los portales que contienen las contrapuertas y las puertas, fueron los que requirieron la mayoría de todas las luchas que pasamos en del camino para poder ascender. Necesito enfatizar la importancia de seguir la guía y las direcciones de Dios en esta área. Créanme, nosotros no estamos sentados tratando de pensar en alguna nueva batalla por pelear. De hecho, frecuentemente nos damos cuenta de la presencia de los demonios, pero si Dios no nos dice nada acerca de ellos, sólo imploramos la sangre de Jesús y los dejamos solos. Sin embargo, cuando Dios dice "peleen," ¡NOSOTROS PELEAMOS!

¿Qué se siente cuando usted viaja a través de un portal? En el momento que los ángeles llevan a su espíritu dentro de esos portales, usted puede sentir una vibración, una sensación de impulso. También he sentido que esto me pasa cuando he entrado en diferentes o nuevas dimensiones del espíritu. Los ángeles me enseñaron, dirigidos por el Señor, a ir de un portal a otro. ¡Podemos orar, profetizar y, además, también hacer guerra espiritual en esos portales! Hay una gran cantidad de guerras espirituales que tienen lugar en estos diversos reinos espirituales. A propósito, es absolutamente necesario en todas las misiones de estar vestidos con nuestros armamentos espirituales. Dos pasajes que tienen un gran y detallado significado en esta área son:

> *"Y juntamente con él nos resucitó, y asimismo nos hizo sentar en los lugares celestiales con Cristo Jesús;"*
> *-- Efesios 2:6*

> *"Para que la multiforme sabiduría de Dios sea ahora dada a conocer por medio de la iglesia a los principados y potestades en los lugares celestiales. ..."*
> *--Efesios 3:10*

---

[6] George Otis, Jr., *Twilight of the Labyrinth* (Chosen Books, Grand Rapids, Michigan, 1997), p. 90-91.

[7] *Ibid.,* p. 26-28.

[8] Derek Prince, *Spiritual Warfare* (Whitaker House, 30 Hunt Valley Circle, New Kensington, Pennsylvania, 1987).

[9] *Ibid.,* p. 21.

El Ministrar con los Ángeles

Capítulo 9

PARTICIPANDO EN LA LUCHA

"Porque no tenemos lucha contra sangre y carne, sino contra principados, contra potestades, contra los gobernadores de las tinieblas, de este siglo, contra huestes espirituales de maldad en las regiones celestes..."
-- Efesios 6:12

Una cosa interesante que aprendí mientras iba a través de ciertas contrapuertas, tiene que ver con autoridad. Ahí había ciertas contrapuertas que requerían un rango específico de un ángel para entrar. Por ejemplo, yo pasé con mucho éxito a través de una verja y estaba listo para avanzar a la siguiente cuando el ángel que estaba conmigo me dijo que tenía que esperar a que llegara otro ángel con un rango más alto antes de que me pudiese avanzar hacia mas adelante. El Pastor Crawford, mi autoridad espiritual, estaba de vacaciones y por supuesto, se necesitaba su permiso para soltar a un ángel de más alto rango. En ese momento, la misión se detuvo.

Como usted puede recordarlo, en las líneas paganas de los cielos, los ángeles son absolutamente gobernados por las estructuras de autoridad establecidas por Dios. Inclusive los ángeles oscuros operan bajo las líneas de autoridad establecidas por Dios. En los tiempos pasados, antes de que Lucifer y una tercera parte de los ángeles se rebelaran contra Dios, Él había establecido una jerarquía entre los ángeles.

El Ministrar con los Ángeles

> *"Porque en él fueron creadas todas las cosas, las que hay en los cielos y las que hay en la tierra, visibles e invisibles; sean tronos, sean dominios, sean principados, sean potestades; todo fue creado por medio de él y para él;..."*
> -- Colosenses 1:16

Por medio de las Escrituras sabemos que Lucifer era un ángel del más alto rango. No hay solamente dos rangos de ángeles, los arcángeles y los ángeles regulares. Como en una organización militar moderna, hay muchos rangos. Sea muy cuidadoso con las listas de la "jerarquía celestial " o de la "jerarquía angelical" que pueda encontrar en Internet, en libros de ángeles o inclusive en programas de software de la Biblia. Estas listas no están apoyadas por la Escritura y son frecuentemente contrarias a la Escritura.

Los ángeles de Dios respetan los niveles de autoridad establecidos por Dios aún entre los rangos de los ángeles caídos. Respeto a esto, no quiero decir que ellos se someten u obedecen a los ángeles de las tinieblas. Quiero decir que reconocen y distinguen a los ángeles de las tinieblas de un nivel de autoridad más alto que el de ellos. Los ángeles de Dios buscarán la ayuda de otros ángeles de más alto rango de autoridad en su trato con un ángel de las tinieblas de rango mas alto. Las Escrituras describen esto en Daniel 10 donde un ángel fue enviado a entregar un mensaje de Dios a Daniel.

> *"Más el príncipe del reino de Persia se me opuso durante veintiún días; pero he aquí Miguel, uno de los principales príncipes, vino para ayudarme, y quedé allí con los reyes de Persia... ...Él me dijo: ¿Sabes por qué he venido a ti? Pues ahora tengo que volver para pelear contra el príncipe de Persia: y al terminar con él, el príncipe de Grecia vendrá."*
> -- Daniel 10:13-20

Esto explica por qué la misión fue puesta en espera. El ángel que me guiaba y con el que yo estaba tenía un rango menor que el rango del ángel oscuro que estaba cuidando la contrapuerta. Tuve que esperar una semana para que mi pastor regresara de sus vacaciones antes de que el ángel de mayor rango pudiese ser soltado para ayudarme a entrar en la contrapuerta. Una vez que el pastor regresó, nosotros oramos y el ángel fue enviado. La misión volvió a empezar exactamente donde se había detenido la semana anterior.

Ahora, mi pastor no está enterado minuto a minuto de todo lo que los ángeles están haciendo conmigo. Sin embargo, el Padre le da al Pastor Crawford la suficiente información en general, para que él me pueda cubrir como mi cabeza espiritual y a la vez yo pueda recibir la instrucción del Padre. También, yo he tomado el hábito de comprobar con mi pastor y compartir con él revelaciones importantes o actividades en las cuales estoy envuelto con los ángeles.

Una persona no puede decidir un día – de pronto – que quiere ir a viajar alrededor de los portales. Este tipo de actividad espiritual debe ser iniciada por Dios y vigilada por Sus ángeles. Nunca he orado por ser llevado dentro de un portal. Todo lo que le he pedido al Señor, es que me use en cualquier forma que Él considere apropiada. Para nuestra iglesia, el Señor me envió por delante para obtener las llaves que dan acceso a varias contrapuertas, para que así yo pudiese dárselas a los santos, quienes me seguirían después.

Una vez que la guerra había terminado en cada contrapuerta y las llaves habían sido obtenidas, los elegidos entre nuestro cuerpo de la iglesia ya eran capaces de moverse rápidamente a través de esas contrapuertas con un poco de esfuerzo o sin ninguna resistencia. Muchos de las carreteras de los portales en el segundo cielo requieren llaves y codificaciones para entrar. De nuevo, ahí Dios suplirá al creyente con las llaves y los códigos. Si el Señor lo quiere, en un próximo libro, compartiré cómo funcionan las llaves y los códigos.

Tal como iba a través de muchas contrapuertas y puertas luchando mi entrada entre las líneas paganas de los cielos, no dejaba de pensar en el proceso que Christian tuvo que pasar. (Christian es el personaje principal del libro **El progreso del peregrino "Pilgrim's**

El Ministrar con los Ángeles

Progress"[10]) El proceso por el que tuve que pasar era más bien una gran jornada de exploración y como a Christian, el Señor me envió a sus ángeles a lo largo del camino para ayudarme.

Los ángeles también han sido de gran ayuda en el área de la lucha contra lo demoníaco. Aunque ellos pelean por y con usted, muchas veces son enviados meramente para entrenarle para pelear. Yo he tenido que enfrentarme con varias fuerzas demoníacas con los ángeles del Señor a mi lado. En la mayoría de los casos se me requería que desempeñara toda la lucha. En muchas ocasiones, los ángeles me traían armamentos increíbles con los cuales podía combatir al enemigo. Las victorias fueron ganadas porque tenía el armamento correcto en el tiempo oportuno. Muchas veces, los ángeles actuaban como árbitros para estar seguros de que el enemigo no se estaba aprovechando de mí.

En el entrenamiento personal como en el entrenamiento dado al cuerpo de la iglesia acerca de la guerra espiritual, los pasos a dar para nuestro entrenamiento e inclusive la secuencia en que cada una de las lecciones son aprendidas están ordenados y dirigidos por el Señor. Cada uno de nosotros tiene una meta o propósito individualizado en el reino de Dios. Los regalos, unciones, armamentos, revelaciones y las experiencias en nuestro entrenamiento que recibimos de Dios son siempre específicos. Todo está diseñado para llevarnos a esos lugares en el tiempo, en la habilidad y en el entendimiento para que el propósito prefecto de Dios pueda ser cumplido.

"Bendito sea Jehová, mi roca, quien adiestra mis manos para la batalla, y mis dedos para la guerra: ..."
-- Salmos 144:1

Descubrimos que las Escrituras están llenas de ejemplos del Señor Dios preparando y entrenando a Su gente a enfrentar y derrotar a sus enemigos. ¿Recuerdan cómo Dios envió al capitán de los ejércitos del Señor para darle a Josué la estrategia que usar en la batalla para tomar la ciudad de Jericó? (Josué 5:13-15) Dios dijo que intencionalmente

PARTICIPANDO EN LA LUCHA

dejaba a las naciones paganas en la tierra prometida para enseñar a las nuevas generaciones de Israel cómo luchar.

> *"Estas pues, son las naciones que dejó Jehová para probar con ellas a Israel, a todos aquellos que no habían conocido todas las guerras de Canaan; solamente para que el linaje de los hijos de Israel conociese la guerra, para que la enseñasen a los que antes, no la habían conocido; ..."*
> *-- Jueces 3:1-2*

Pablo le encargó a Timoteo la guerra.

> *"Este mandamiento, hijo Timoteo, te encargo, para que conforme a las profecías que se hicieron antes en cuanto a ti, milites por ellas la buena milicia; ..."*
> *-- 1 Timoteo 1:18*

Puedo recordar que después de unas pocas semanas de nuestro viaje inicial a Brownsville, fui llevado a una misión en el espíritu por un par de ángeles. Repentinamente me encontré en la casa de alguien donde los ángeles me sentaron, y al mirarles ellos fueron a través de la casa buscando a demonios. Los ángeles lucharon y vencieron a los demonios. Después de que la casa quedó limpia, ellos me regresaron a la iglesia.

Cuando el Señor nos lleva a una misión dentro del reino del espíritu, siempre trae consigo un nuevo aprendizaje o una valiosa lección que aprender. Evidentemente, nuestra fe se fortalece cada vez que aceptamos la invitación del Señor para llevarnos a una misión. Como creyentes, debemos aprender en cómo confiar en el Señor para que nos cuide y nos provea con cualquiera de los armamentos que necesitemos. Además, necesitamos aprender a escuchar la voz del Espíritu Santo cuando Él nos dirige en lo que tenemos que hacer. Muy similarmente, aprendemos a escuchar a los ángeles cuando nos dan la información necesaria acerca de lo que tenemos que enfrentar y lo que nuestra respuesta debe de ser.

El Ministrar con los Ángeles

El Señor está revelando muchas de las operaciones de los ejércitos angelicales. Ellos no están volando y cantando todo el día. Todos los ángeles tienen funciones de trabajo específicas. Así como los humanos, ellos tienen un propósito. Recuerden que los ángeles no son omniscientes, pero ellos saben de cada movimiento del enemigo. Un descubrimiento que me sorprendió fue que hay áreas en el cielo con equipo de alta tecnología para monitorear al enemigo. Estuve sorprendido de cómo algunos de nuestros equipos actuales de vigilancia sostienen una semejanza o parecido con ese equipo celestial. No será muy lejano el día en que el cuerpo de Cristo salga para tomar sus lugares celestiales y empiece a tener acceso a esta información estratégica. Esto causará que operemos en un mundo de conocimiento a un nivel que nunca nos habíamos imaginado antes. Vemos que Eliseo operó en este nivel estratégico del conocimiento de la palabra.

> *"Tenía el rey de Siria guerra contra Israel, y consultando con sus siervos, dijo: En tal y tal lugar estará mi campamento. Y el varón de Dios envió a decir al rey de Israel, Mira que no pases por tal lugar, porque los sirios van allí. Entonces, el rey de Israel envió a aquel lugar que él varón e Dios había dicho; y así lo hizo una y otra vez con el fin de cuidarse. Y el corazón del rey de Siria se turbó por esto; y llamando a sus siervos, les dijo: ¿No me declararéis vosotros quién de los nuestros es el rey de Israel? Entonces uno de los siervos dijo: No, rey señor mío, sino que el profeta Eliseo está en Israel, el cual declara al rey de Israel las palabras que tú hablas en tu cámara más secreta."*
> *-- 2 Reyes 6:8-12*

El Señor quiere que Su iglesia entre al "conocimiento" que paralizará al enemigo. Dios nos va a llevar a un lugar dentro de Él donde conoceremos los planes de ataque del enemigo en el punto de su iniciación. Hasta ahora, la iglesia ha reaccionado, generalmente, a lo que el enemigo está haciendo. Nosotros no tenemos idea por donde él nos va a atacar y, de hecho, el enemigo parece saber lo que ¡nosotros

PARTICIPANDO EN LA LUCHA

vamos a hacer antes de que nosotros lo hagamos! Déjeme recordarle, ¡el enemigo no es omnisciente tampoco! Sin embargo, él tiene formas de interceptar las contestaciones a las oraciones y así descubrir nuestros planes. (Vea Daniel 10) También Dios promete esta clase de conocimiento de revelación para Sus hijos.

> *"Porque nada hay, encubierto, que no haya de descubrirse; ni oculto, que no haya de saberse. Por tanto, todo lo que habéis dicho en tinieblas, a la luz se oirá; y lo que habéis hablado al oído en los aposentos, se proclamará en las azoteas."*
>
> *-- San Lucas 12:2-3*

¿Cómo podemos nosotros tener un "conocimiento" grande y firme? Todo empieza tomando nuestras sillas y nuestros lugares celestiales en Jesucristo. Esto no es sólo para después de que hayamos muerto y nos vayamos al cielo. ¡Nuestros asientos celestiales están esperando por nosotros AHORA! Cuando empecemos nuestro ministerio en esos lugares celestiales, entenderemos más acerca de las operaciones técnicas de los ángeles. Al aprender de los ángeles, dónde se encuentra la fortaleza del enemigo y cuál es la forma más efectiva de derrotarlo, empezaremos a desarrollar varios golpes estratégicos y reveses en contra del enemigo.

El enemigo tiene formas de descubrir muchos de los propósitos de Dios y llama a los concilios demoníacos para desarrollar estrategias para ocultarlos. Sin embargo, básicamente, nunca nos hemos preocupado para presionar y encontrar lo que el enemigo esta planeando para vengarse. Muchos santos serán enviados por el Señor como espías para escuchar en los concilios del enemigo. Nosotros obtendremos información acerca de los planes del enemigo para ser capaces de orar e interceder como corresponda al caso. Causaremos una gran confusión en los rangos del enemigo. Eliseo justamente, hizo eso.

El Ministrar con los Ángeles

Dios está permitiendo a Sus hijos que usen muchos de sus recursos que hasta ahora habían estado disponibles primeramente sólo para Sus ángeles. Nuestro enemigo tiene sus propios recursos de información y los que están en la tierra y quienes pagan un alto precio por servir a Satanás son capaces de usarlos. Los demonios pasan esa información a través de los médium, psíquicos, lectores de barajas, astrólogos, espiritistas y muchos otros métodos menos obvios. El enemigo se ha robado el conocimiento que nunca debía haber sido puesto a disposición de sus seguidores. Tristemente, a través de la ignorancia y de la apatía, la iglesia se ha desligado del conocimiento que Dios quiere que la iglesia tenga para poder vencer a Satanás. La iglesia nunca ha podido verdaderamente, entrar a su lugar en las líneas paganas de los cielos y atender a las cosas que Dios ha preparado para ella. Por consiguiente, la iglesia no ha sido capaz de hacer el asalto significativo al reino del enemigo que es lo que Dios ha intentado que la iglesia haga.

Satanás ha engañado a la iglesia dentro de la creencia que su posición correcta y enfoque está aquí en la tierra. Satanás no ha tenido que preocuparse acerca de proteger las oficinas centrales de su reino en el segundo cielo. Dado que muy pocos cristianos se han movido dentro de la autoridad espiritual de sus lugares celestiales, el demonio no ha sido desafiado ahí. Nos ha faltado el conocimiento supernatural y los armamentos que Dios ha creado para nosotros. Lo más importante, nos ha faltado la pasión por tener el Corazón del Padre que es necesario para tomar nuestros justos asientos en esos lugares celestiales.

Realmente, usted no puede conocer al Señor y lo imponente que Él es hasta que esté sentado con Él en los lugares celestiales. ¿Por qué justamente hasta ahora no se había oído acerca de esto? Eso está en la Palabra…esto ha estado ahí todo el tiempo. Justamente, nosotros hemos estado demasiado ciegos por la lujuria de la carne, la lujuria de los ojos y el orgullo de la vida para verlo. Ahora, el Señor esta haciendo esto dolorosamente obvio a la iglesia, porque ya el futuro está delante de nosotros, ¡las horas finales de los últimos tiempos!

PARTICIPANDO EN LA LUCHA

Sin internarme en gran detalle en este momento crítico, es suficiente con decir que el nivel del maligno en este planeta aumentará muy pronto. Cuando este tiempo venga, si un creyente no ha entrado dentro de su justa autoridad en los "lugares celestiales" se encontrará en increíble peligro. El Señor nos advierte en San Mateo 24 de la decepción mundial que está por venir. Muchas de las "guerras y de los rumores de guerra" serán aquellos que se pelearán en el reino del espíritu. No estoy tratando de sonar fatalista o causar pánico. Sólo sé que el Señor desea que Sus hijos tomen sus lugares de autoridad y luchen.

Le estoy tan agradecido al Señor por la preparación que Él nos ha dado. Estoy emocionado de que al moverme en el reino del espíritu, no estoy siendo atacado tan furiosamente o tan frecuentemente como antes. En cuanto empecemos a regir desde nuestro lugar celeste en Cristo Jesús, el enemigo sera más cuidadoso acerca de golpearnos sin cuidado. Él sabe que tenemos la autoridad para enfrentarnos con él. Él sabe que llevamos armamentos que pueden destruirlo. Si usted está de acuerdo o no con el hecho de que debemos luchar, por favor considere preguntarle o pedirle a Dios que lo lleve a usted a su lugar de gobierno en Él. Dios está esperando que Sus santos se unan con lo celestial y declaren juntos Su gloria.

"Los cielos cuentan la gloria de Dios. Y el firmamento anuncia la obra de sus manos."
-- Salmos 19:1

Como lo mencioné antes, yo fui atacado, acuchillado o ahorcado en muchas ocasiones cuando mi espíritu estaba en algunas misiones con los ángeles. Sin embargo, cuando gané autoridad en el espíritu, en parte por mi participación deseada y en parte por las batallas victoriosas, los ataques tuvieron menos efecto en mí. En los primeros ataques, aunque estos ocurrieron en el espíritu, yo podía seguir sintiendo el dolor en mi cuerpo. Con el tiempo, fui fortalecido con la armadura y los armamentos, que casi pararon el dolor causado por

El Ministrar con los Ángeles

esos ataques. Entonces empecé a infligir un gran dolor y destrucción en el campo del enemigo.

> *"Porque no tenemos lucha contra sangre y carne, sino contra principados, contra potestades, contra los gobernadores de las tinieblas de este siglo, contra huestes, espirituales de maldad en las regiones celestes."*
>
> -- *Efesios 6:12*

En una misión en diciembre de 1998, fui llevado dentro de diferentes clases de portales. Vi a dos demonios que se veían horribles. Esta era una área muy maligna y me sentí abatido en esa área. Había ángeles conmigo y me dieron una espada para usarla en la batalla a través de ese portal. Tomó algún tiempo pero nosotros lo pasamos. Al final de la batalla, hubo una gran celebración y me dijeron que había pasado una prueba. Fui llevado a los cielos y después de recibir honores, le di a Jesús los botines adquiridos durante la batalla. Algo fue colocado dentro de mí.

Además de habernos enseñado cómo luchar contra el enemigo, el proceso por el que Dios llevó a nuestros intercesores también nos enseñó cómo trabajar con los ángeles. Cada uno de los ángeles es muy diferente. Muchos de los que me fueron asignados durante las batallas en el segundo cielo eran ángeles guerreros. Aprendí a confiar en sus palabras y advertencias porque esas fueron las palabras del Señor. Frecuentemente, los ángeles fueron enviados para ministrar ánimo y fuerza después de un encuentro particularmente violento con el enemigo. En algunas ocasiones, los ángeles quienes fueron ungidos para glorificar y adorar fueron enviados para ayudar a elevar nuestros espíritus. ¡Que tiempo de gozo! Esas ocasiones fueron mis favoritas.

Con casi cada victoria ganada, yo recibí alguna clase de unción o un regalo del Señor entregado por Sus ángeles. Hubo varias veces en las que recibí coronas, una túnica, anillos, y varias espadas. Por alguna razón, me fueron dadas espadas de varios tamaños y grados de ornamentos. (Desde entonces, he aprendido que esas espadas representan revelaciones de la verdad de Dios que pueden usarse como armamentos en contra del enemigo.) Muchas veces cosas indescriptibles fueron puestas dentro de mi espíritu.

> *"Después dijo, Pongan (ángeles) mitra limpia sobre su cabeza, [diademas]. Y le vistieron las ropas. Y el ángel de Jehová estaba en pie."*
> *-- Zacarías 3:5*

Yo sé que algunas personas tienen que ver cosas con sus propios ojos para poder creer. Les es difícil probar lo que Dios ha hecho en sus espíritus. Sin embargo, me han sorprendido las confirmaciones de aquellos que han recibido "el regalo para poder ver espiritualmente" y como esas personas describen las unciones y los armamentos que yo sé que existen en mi espíritu.

Como si las cosas no fueran ya lo suficientemente increíbles, los ángeles me han traído armamentos especialmente diseñados, de alta tecnología, para esta hora. Esos armamentos son muy raros y sofisticados. Algunos son usados para paralizar al enemigo mientras que otros son para destruirlo. También Dios nos está equipando con dispositivos diseñados originalmente para los ángeles. Estos incluyen dispositivos que ayudan en la comunicación con los ángeles y otro equipo que nos permite cubrirnos o escondernos del enemigo.

> *"Porque él me esconderá en su tabernáculo en el día del mal; me ocultará en lo reservado de su morada; sobre una roca me pondrá en alto."*
> *-- Salmos 27:5*

He aprendido a vivir en un estado de disponibilidad. Cuando salgo de un poderoso tiempo de intercesión, sé que hay una probabilidad de que vaya a ser atacado por el enemigo. Muchos de estos ataques han sido experimentados no sólo individualmente sino también como grupo corporativo. Una y otra vez, hemos comprobado que Satanás lanza una serie de ataques idénticos en contra de varios miembros de nuestra congregación simultáneamente. Tenemos una reunión una vez por

El Ministrar con los Ángeles

semana, cuando nosotros activamente revisamos con nuestros intercesores cuál es la estrategia vigente del enemigo en contra nuestra. Por ejemplo, una vez fue el pensamiento de que "Yo soy el único que está bajo los ataques, es mejor que lo mantenga en silencio o todos sabrán que en realidad no soy tan espiritual." Una vez, que ese concepto fue hablado abiertamente como un ataque, casi cada persona habló y dijo, "¡Ay! ¡Eso es con lo que yo he estado luchando esta semana! Los espíritus demoníacos como Jezabel, Absalón, Belial y Belcebú nos han atacado continuamente. Invariablemente los ataques a nuestra iglesia vienen en contra de los líderes primero o están enfocados en atacar la autoridad de la iglesia.

---

[10] John Bunyan, *Pilgrim's Progress,* 11th ed. (Fleming H. Revell Publisher, Grand Rapids, Michigan, 1688).

Capítulo 10

LA IMPORTANCIA DEL DISCERNIMIENTO

"Pero el alimento sólido es para los que han alcanzado madurez, para los que por el uso tienen los sentidos ejercitados en el discernimiento del bien y del mal."
-- Hebreos 5:14

Habrá muchos que dirán que no es seguro estar ministrando con los ángeles. Ellos quizá dirán que hay muchos riesgos en que una persona oiga de un demonio en lugar de uno de los ángeles del Señor. Créame usted, este argumento viene directamente del mismo Satanás. Después de todo, el enemigo quiere estar seguro de que encontremos excusas para no involucrarnos en este ministerio. Satanás hará cualquier cosa que pueda hacer para desanimarnos o causarnos miedo a ministrar.

Cuando el Señor empezó a abrirme el reino angelical, yo no estaba seguro y tenía un poco de miedo. No estaba seguro de lo que necesitaba suponer que debería hacer al permitir que acontecieran esas clases de encuentros. Sin embargo, el Espíritu Santo me animó y me dio una paz maravillosa acerca de lo que estaba experimentando, mientras que al mismo tiempo me ungió con un discernimiento increíble. Él empezó dándome sabiduría para saber si el enemigo estaba involucrado en una situación o no y me enseñó que no hay nada que temer porque Él está a cargo de todo completamente. Si nosotros continuamos estando en obediencia y sumisión al Señor y a nuestras

El Ministrar con los Ángeles

autoridades dadas por Dios, estaremos completamente protegidos. Sin embargo, aquellos que caminan en rebelión no tendrán encuentros angelicales pero podrían tener encuentros demoníacos.

Con esas cosas en mente, el primer paso para prepararse para las visitaciones angelicales del Señor es pedirle al Señor el don de discernimiento de los espíritus. Uno de los mejores libros acerca de discernimiento que he encontrado es <u>*Afilando Su Discernimiento "Sharpen Your Discernment"*</u>[11], por Roberts Liardon. En nuestra Ministers in Training School (Ministros en la Escuela de Entrenamiento), hemos ofrecido dos cursos acerca de discernimiento a los cuales los estudiantes deben asistir antes de que puedan inscribirse en nuestra clase de **El Ministrar con los Ángeles**.

Si usted tiene alguna pregunta o para más información acerca de nuestros cursos de discernimiento, le sugiero que se ponga en contacto con nuestra iglesia <u>www.thefatherschurch.org</u> o +1 214 821-5290.

Los siguientes son algunos puntos que le ayudaran a aumentar su discernimiento espiritual. Primero, Dios tiene el control y desea darle el discernimiento necesario para que no sea engañado. Segundo, debemos pedirle a Dios la unción para el discernimiento. Finalmente, debemos hacer cosas que Él nos pida que hagamos para poder permitir que el discernimiento sea activado en nuestro camino espiritual con Él. EL DISCERNIMIENTO DEBE SER PRACTICADO.

> *"Pero el alimento sólido es para los que han alcanzado madurez, para los que por el uso tienen los sentidos <u>ejercitados</u> en el discernimiento del bien y del mal."*
> *-- Hebreos 5:14*

Nuestro curso acerca de discernimiento espiritual es una enseñanza muy práctica, no una enseñanza teórica. Nos parece que el libro de Liardon es invaluable para esta clase de instrucción. Los estudiantes deberán también escribir un ensayo en <u>El Compromiso para Conquistar "Commitment To Conquer"</u>[12], por Bob Beckett. El libro de Beckett lleva el discernimiento a un panorama más amplio. Dios

LA IMPORTANCIA DEL DISCERNIMIENTO

quiere que seamos capaces de discernir en un nivel personal, así como en un nivel social. Lo más importante, estudiamos el libro de Nehemías, el cual nos provee con algunas maravillosas perspicacias acerca del discernimiento.

Después de que la clase recibió un cierto nivel de instrucción en el don del discernimiento de espíritus, se les indicó a los estudiantes que fuesen a una librería de esta ciudad. El Señor me dijo específicamente a cuál librería tenía que enviarles y me dijo que Él iba a activar el discernimiento de los estudiantes mientras estuvieran ahí. Se les pidió a los estudiantes que escribieran lo que sentían al caminar a través de esa enorme librería, no importando lo insignificante que la respuesta les pareciese a ellos.

Esta librería particular está llena de influencias demoníacas, tiene de todo, desde "nueva era" hasta brujería. Muchos de los estudiantes experimentaron un discernimiento de influencias malévolas por primera vez. Algunos tuvieron reacciones físicas a la presencia de los demonios. Hubo muchos que sintieron que los demonios les iban siguiendo cuando caminaban a través de la librería. Algunos estudiantes experimentaron dolores en diferentes lugares de sus cuerpos, mientras que otros se sintieron mareados. Cada uno es diferente sus propias reacciones al discernimiento de los espíritus malvados. La cosa más importante es que aprendamos que Dios nos alerta al hecho que hay fuerzas demoníacas en un área.

En el segundo curso de discernimiento, los estudiantes fueron puestos en equipos de 4 a 5 personas y asignados a áreas específicas de nuestra ciudad para discernir las actividades demoníacas que estaban trabajando en esa área. Una vez más, Dios fue tan fiel en mostrar a los equipos los puntos fuertes del enemigo. Varios vieron demonios y estructuras demoníacas en el reino del espíritu. Un grupo vio demonios desapareciéndose dentro de la tierra al momento de que ellos manejaban para entrar en esa área.

El Ministrar con los Ángeles

El Señor nos enseñó ambos: el reino angelical y el reino demoníaco. ¿Por qué? Yo creo que fue porque Él no quiere que nos engañemos. Él sabe que el enemigo vendrá a engañarnos, presentándose como un ángel de luz. Las Escrituras dicen: *"nuestros sentidos ejercitan el discernimiento de ambos: lo bueno y lo malo"*. Nuestro enfoque es el seguimiento del reino de Dios y Dios nos dará el discernimiento necesario para reconocer las unciones engañosas del enemigo. También Él nos da el texto para probar si estamos tratando con un ángel de Dios o con un ángel de la oscuridad.

> *"En esto conoced el Espíritu de Dios: Todo espíritu que confiesa que Jesucristo ha venido en carne, es de Dios; y <u>todo espíritu que no confiesa que Jesucristo ha venido en carne, no es de Dios;</u> y este es el Espíritu del anticristo, el cual vosotros habéis oído que viene, y que ahora ya está en el mundo."*
>
> -- *1 San Juan 4:2-3*

¡Créanme, esta escritura funciona! Si tenía alguna duda acerca de estar hablando con un ángel de Dios o no, preguntaba esto, "¿Puedes confesar que Jesucristo ha venido en carne?" Los ángeles del Señor empezaban a regocijarse y los ángeles de la oscuridad generalmente se iban rápidamente o trataban de cambiar de tema sin contestarme la pregunta. ¡Crean la Palabra! Algunos preguntarán sorprendidos, "¿Qué pasaría si ellos no contestan, qué deberé hacer?" Los ángeles del Señor CONTESTARÁN. Nosotros debemos confiar en el Señor en este tema.

Todas las personas no se moverán en la misma velocidad de aprendizaje en cómo discernir. Algunas inmediatamente, serán más afortunadas, mientras que a otros les tomará más tiempo. Sin embargo creo que Dios intenta que TODOS sus hijos sean capaces de discernir con más claridad y más precisión. En San Mateo 24, Jesús avisa a sus discípulos acerca de las decepciones por venir sobre la tierra. Estas decepciones aumentaran durante el final de los tiempos.

LA IMPORTANCIA DEL DISCERNIMIENTO

"Respondiendo Jesús, les dijo, Mirad que nadie os engañe."
-- San Mateo 24:4

La única forma de no ser engañados es saber la verdad. Para saber la verdad debemos ser capaces de discernir meticulosamente. Inclusive si usted decide no discernir a los ángeles, aunque sea, permita al Espíritu Santo que le enseñe a discernir la actividad del enemigo.

Dios quiere que TODOS Sus hijos se muevan con santidad en el discernimiento de los espíritus. Tenemos que movernos más allá de sólo obtener "vibraciones extrañas" acerca de las personas, moviéndonos al conocimiento de saber qué espíritu está influenciando o atacando a un individuo. ¿Qué espíritus necesitamos ser capaces de discernir? Hay espíritus demoníacos, espíritus angelicales, espíritus humanos y el Espíritu del Señor. Nosotros necesitamos ser capaces de discernir lo bueno de lo malo. A propósito, la mayoría de nuestros estudiantes no ven a los demonios pero los perciben.

Después de que el Señor nos enseñó cómo reconocer la presencia de los demonios, Él nos enseñó a reconocer la presencia de los ángeles. Él nos asignó ángeles para empezar a entrenarnos cómo ministrar con ellos. ¡Cuando esto empiece a pasar, el efecto que tendrá en su iglesia será increíble!

---

[11] Roberts Liardon, *Sharpen Your Discernment* (Albury Publishing, Tulsa, Oklahoma, 1997).
[12] Bob Beckett, *Commitment To Conquer* (Chosen Books, Grand Rapid, Michigan, 1997).

El Ministrar con los Ángeles

Capítulo 11

LAS ACTIVACIONES ANGELICALES

Bien qué os dará el Señor pan de congoja y agua de angustia, con todo, sus maestros nunca más te serán quitados, sino que tus ojos verán a tus maestros. Entonces tus oídos oirán a tus espaldas palabra que diga: Este es el camino, andad por él, y no echéis a la mano derecha, ni tampoco torzáis a la mano izquierda.

Isaías 30:20-21

Antes de que continúe compartiendo cómo el Señor nos enseñó a ministrar con los ángeles, hay algunos hechos que todos necesitamos conocer para saber acerca de los ángeles del Señor. He citado algunos ejemplos de la escritura. Hay muchos, muchos más.

- Los ángeles tienen emociones. Ellos se regocijan en la salvación de cada persona. (San Lucas 15:10)

- Los ángeles nos traen mensajes y regalos. La palabra "ángel" en ambos idiomas, en hebreo y en griego significa "mensajero." (Zacarías 3:3-5, San Lucas 1:11-21; Hechos 10:3-7)

- Los ángeles sirven al Señor y son enviados para "ministrar a aquellos que serán herederos de la salvación". (Hebreos 1:14)

El Ministrar con los Ángeles

- Hay un rango y un orden entre los ángeles. (Daniel 10:10-21)

- Los ángeles tienen un propósito. (Hebreos 1:7)

Mientras que la escritura nunca habla específicamente del género de los ángeles, sí usa nombres y pronombres masculinos. La práctica secular de representar a los ángeles como femeninos, suaves, bonitos y acomodadores es muy ilusoria. Los ángeles son santos, poderosos, y vienen con propósito y sabiduría. Ellos no están tratando de ganarse sus alas y tampoco están haciendo buenas obras con la esperanza de conseguir irse a los cielos.

Hay muchas personas incluyendo a los cristianos, quienes creen que los ángeles están aquí solamente para salvarnos de situaciones desastrosas. La mayoría de las personas tienen mentalmente un "ángel guardián" que limita la extensión de lo que ellos creen que los ángeles hacen. Si nosotros solamente oyésemos y participáramos con Su plan, Dios soltará a Sus ángeles para tener una más grande interacción con Sus hijos en este tiempo.

Hay increíbles propósitos por venir, cuando entramos dentro de esta sociedad con el Señor y Sus ángeles. Cuando más y más santos experimenten interacciones angelicales, menos extrañezas serán adjuntadas a estos encuentros. Espero que no sea uno de los que se "bajen del barco" y entre en esta increíble dimensión del reino de Dios.

Cuando el Señor me dijo que Él quería enseñarme un curso en ministrar con los ángeles tenía muchas preguntas para Él. ¿Cómo se suponía que podía llevar esto a cabo? ¿Qué tenia que hacer si la gente rechazase esta enseñanza? El Señor me dijo que no me preocupara acerca de lo que las personas pensaran o dijeran acerca del curso, sólo tenía que hacerlo y dejarle los resultados a Él. El Señor me hizo apartarme de las cosas que Él me había enseñado personalmente y enseñárselas a la clase siguiendo Sus direcciones muy específicas.

LAS ACTIVACIONES ANGELICALES

Antes de que en realidad empezara a enseñar el curso, el Señor me había llevado a seleccionar ocho estudiantes y a hacer una activación angelical en cada uno de ellos. Simplemente oraba para que Dios les abriese sus espíritus en la realidad (reino) angelical. Dios era más que fiel al revelarme a Sus ángeles. Era maravilloso cuando los ángeles venían y les ministraban a ellos. Casi cada día percibían a los ángeles, varias veces tenían conversaciones con los ángeles y algunos vieron a los ángeles por primera vez. Otros empezaron a tener visitaciones angelicales en el trabajo y en la casa. Era increíble ver esas cosas que les estaban pasando a otros.

Cuando empecé el curso, estos ocho individuos se convirtieron en capitanes de sus equipos de 4 a 5 personas. Los capitanes se reunirían con las personas de sus respectivos equipos y le pedirían a Dios que les enviara los ángeles. Y el Señor lo hizo. Cada grupo participaba en aproximadamente cinco activaciones. Los individuos de cada grupo tuvieron varios encuentros con los ángeles. Los estudiantes escribían en sus diarios los encuentros que tenían en sus grupos de activaciones y en sus tiempos personales de oración. Aquí están algunos de los extractos de sus diarios.

Durante esta activación sentí que los ángeles estaban caminando conmigo. Esta vez había tres. Todos ellos estaban detrás de mí. Yo entendí que cada uno de ellos caminaba conmigo en separadas áreas espirituales. Uno de ellos estaba ahí en este reino real, uno estaba en el reino de los cielos en el cual la guerras acontecían, y el tercero camina conmigo en la habitación del trono. Cada uno de ellos tenía características que eran representativas del reino en el cual ellos ministraban. El representante de la habitación del trono vestía vestimentas para adorar a Dios. El ángel guerrero tenía muchos armamentos y el otro sólo parecía estar mirando todo alrededor mío.
-- A.D., Dallas, Texas

¡Llegué con cerca de 5 minutos de retraso! ¡Empecé a orar y tuve un gran tiempo de oración! Yo sabia que los ángeles estaban ahí – su presencia era evidente. Tuve una imagen de un gran ángel con

El Ministrar con los Ángeles

cabello rubio rizado con ojos que eran atrayentes (puros, amorosos, pero poderosos.) Probablemente 3 o 4 veces más alto que un hombre – quizá de 6 a 7 metros.

¡Nada fue dicho – Yo sólo lo vi parado en el área del altar en el frente del púlpito – viendo hacia abajo a nuestro equipo!

-- K.M., Garland, Texas

Al subir las escaleras hacia una de las salas de oración, algo me hizo saber que un ángel estaba subiendo conmigo. Al entrar a la sala de oración, inmediatamente una conversación empezó entre el ángel y yo. Esta conversación duró media hora o quizás una hora completa. No estoy seguro.

Yo desearía haber escrito todo, pero en esa ocasión no deseaba parar la conversación. Yo sí recuerdo algunas de las cosas y trataré brevemente de relatarlas abajo.

1. *Él me dijo que su nombre era Jerome – también, dijo, "Yo estoy parado al lado del Arcángel Miguel"*

2. *Él ha sido asignado a mí, recientemente.*

3. *Él me dijo que él respondería a esas cosas que perteneciesen a mi persona y a los propósitos del Padre.*

4. *Él está asignado para instruirme, protegerme y apartarme del enemigo, y proveer que los propósitos de Dios sean realizados.*

5. *Le pregunté si él estaba SIEMPRE conmigo. Su respuesta fue, que él iba de aquí para allá (apuntando en direcciones diferentes). Él estaba enterado de mi estado emocional y él vuela como un relámpago a los órdenes del Todopoderoso para ayudarme.*

LAS ACTIVACIONES ANGELICALES

6. *Él me instruyó que dijera nada <u>más</u> y nada <u>menos</u> que lo que oía y/o veía. Todo sería muy específico y dirigido hacia las circunstancias individuales y hacia las personas.*

7. *Él me dijo que los ángeles gozaban mirando dentro de las cosas de los humanos y de los "acontecimientos" de los herederos de la salvación. También, ellos gozaban viéndonos compartir nuestro amor con otros porque eso satisface al Señor.*

8. *Él me instruyó que lo siguiese alrededor de la sala. (Esto parecía extraño para mí pero yo podía ver a donde él estaba caminando y yo simplemente lo obedecí y lo seguí.)*

Durante todo este tiempo la conversación era tan pero tan natural que –no pareciera extraña para mí. Ahora que, eso ES lo extraño.

-- J.V., Dallas, Texas

Al momento de entrar al santuario yo sentí una unción. Al estar parada, sentí un ángel cerca de mí y mis lenguas cambiaron a un idioma de tono alto, también mi cuerpo se estaba moviendo de un lado a otro. Al moverme dentro de un grupo, mi lengua se convirtió en más rápida y el movimiento de lado a otro continuó y también empezé a moverse hacia delante y casi me caía. Esto continúo a través de toda la activación. Entonces un ángel empezó a hablarme. Esto es lo que él dijo: "El Señor esta preparándote para cosas grandiosas. Tú tienes la canción del Señor dentro de ti. Canta al Padre". Él siguió y empezó a decir que yo estaba nadando en aguas turbias y estaba inclusive, cerca de alcanzar la aguas limpias y claras del Señor. Él me dijo que me agarrara al Padre. Dale 100% a Él, no 99%.

-- R.M., Garland, Texas

Llegué unos minutos temprano y Paul ya estaba en el balcón en una profunda oración y en la actividad angelical. Yo sabía que en mi espíritu había una presencia del sagrado ejército. Subí las escaleras y abrí la puerta y Paul me indicó que me sentara en la banca donde él había estado sentado.

El Ministrar con los Ángeles

Cuando lo hice, un ángel que estaba sentado a mi derecha con el cual yo había tenido contacto en los miércoles anteriores, me dijo que le tomara de la mano. Él seguía diciéndome que tomara sus manos y yo pensé "manos, yo estoy tomándote tu mano." Me paré y alcancé su otra mano y tuve un borroso delineamiento visual de él, parado enfrente de mí tomándome mis manos. El ángel parecía tener cerca de dos metros de altura y me eclipsaba con su presencia. Yo no tenía temor o miedo pero esperaba con expectación para recibir lo que él tuviera que decir.

Él me dijo que me quitara mis zapatos. Le pregunté por qué y él me dijo que estaba parada en territorio santo. Entonces respondí muy humildemente que yo estaba en el balcón. Entonces él respondió, "tú estas parada en lugares santos en el espíritu".

Mis manos estaban estremeciéndose y tenía una sensación eléctrica. Yo sé que estaba recibiendo una transmisión. Él dijo que esa sensación era para la sanidad física así como para sanidades del corazón, lo cual interpreté que significaba heridas y dolores emocionales y psicológicos.

Entonces, él me pidió que tocara las manos de los otros ángeles que estaban parados alrededor de él. Uno de los otros intercesores vino y oró cerca de mí y después compartió que los ángeles estaban rodeándome. Sé que había por lo menos otros cinco ángeles, incluyendo al ángel con el que platiqué. No sentí nada cuando me lancé en fe a tocar sus manos. En este proceso fui interrumpido por Paul cuando él nos pedía que nos juntáramos para hacer la última oración ya que eran casi las siete. Otra vez, el tiempo había transcurrido rápidamente.

Durante la completa activación, yo estuve hablando en lenguas diversas. Siempre estaba consciente de lo que me rodeaba pero fácilmente podía perderme en el espíritu y después volver a resbalarme dentro de la realidad. Este proceso se repitió una y otra vez. Durante ciertos periodos de tiempo, las voces de los otros

LAS ACTIVACIONES ANGELICALES

intercesores presentes se elevaban en un coro uniforme de voces juntas y entonces descendían. En un momento yo pregunté cuánto ángeles estaban presentes y el ángel me dijo que había uno para cada persona y una multitud de otros en el área.
-- T. S., Dallas, Texas

Esta noche fue imponente. Nosotros tuvimos tal unión y concordancia en el Espíritu. Se podía sentir la venida de los ángeles de manera clara. Mi espíritu saltó directo a los cielos. Al mismo tiempo que diferentes manifestaciones ocurrían en los otros miembros del equipo. Nuestras lenguas se alzaron, se volvieron más fuertes con más fortaleza y muy creativas. Había una presencia real. Nosotros saltamos a nuevas dimensiones de la fe, se podía sentir. Había una excitación y confianza que yo no había tenido.

Justo cuando pensamos que quizá ya habíamos terminado, uno de los pastores subió a hablar. Se podía instantáneamente sentir el aumento en la autoridad y la fuerza de la compañía angelical que estaba con él. Evidentemente, los ángeles tenían algo para cada uno de nosotros a través de la oración de nuestro pastor. Al estar orando por cada uno de nosotros, el depósito del Espíritu era diferente para cada uno, pero claramente era lo que el Señor tenía para nosotros en ese momento.

Además, lo que fue traído del Señor fue el sello en el nuevo nivel de fe al que Él nos llevó a todos.
-- M.T., Dallas, Texas

Nosotros fuimos instruidos a encontrar y juntarnos con alguien para ir a un lugar en el balcón y orar en voz alta en el espíritu y ver que es lo que pasaba. Así que J.P. y yo nos juntamos par y fuimos al rincón más alto.

Después de un corto tiempo noté que las lenguas que estaban fluyendo afuera de mí estaban cambiando, quizás una o dos veces. Entonces sentí melodía rítmica y espontánea que flotaba. Así que seguí con ella. Sentí que un ángel estaba conmigo y me estaba guiando en una simple melodía - como para niños – de glorificación al Señor. Eso fue

El Ministrar con los Ángeles

divertido. Esto estaba pasándome cuando fui llamada por el Pastor Paul y me pidió que caminara a donde el ángel estaba parado. Así lo hice. Caminé a ese espacio, sentí un tirón hacia delante en mi espíritu. Como si hubiese entrado en un túnel en el que solamente se viajaba hacia delante en un ráfaga de poder y gloria. Era muy desenfrenado. Algo que nunca antes había experimentado.

-- I.H., Dallas, Texas

Una vez que las activaciones iniciales habían tomado lugar, los estudiantes podían esperar que los ángeles vinieran y les ministraran en cualquier momento. Los ángeles están ayudándonos a familiarizarnos con el reino del Espíritu. Durante las activaciones los ángeles trajeron regalos y unciones para los estudiantes o simplemente tenían una conversación. Había una variedad de ocasiones en las que cada estudiante percibía lo que los ángeles estaban haciendo durante estas activaciones. Aun sin discutirlo entre ellos, estudiante tras estudiante describía virtualmente la misma cosa.

Básicamente el Señor provee por lo menos a un ángel por persona en cada grupo. Algunos de los ángeles, una vez que eran asignados a unos individuos se quedaban con ellos por la duración de esas activaciones. El Señor nos dijo que continuáramos siendo sensibles porque Él continuaría dándonos más entrenamiento con los ángeles. Estas activaciones en sí no son un final. Las activaciones meramente proveen un marco seguro para que el creyente empiece a ministrar con los ángeles. Dios ha tomado la determinación de que Sus hijos y Sus ángeles trabajen juntos para Su reino aquí en la tierra.

Como lo dije anteriormente, los ángeles trabajan dentro del marco de la autoridad estructural en cada iglesia. Yo estoy bajo el liderazgo de nuestro señor pastor. Él me ha dado la autoridad de operar en este ministerio – de cierto modo – especial y único. Los ángeles fueron soltados a los capitanes en el momento en que ellos se sometían a mi autoridad. Entonces, cuando los capitanes oraban por esos grupos individuales, los ángeles eran soltados para trabajar con los miembros

LAS ACTIVACIONES ANGELICALES

de sus grupos. Como usted puede ver, este particular ministerio requiere absolutamente, la sumisión en todos los niveles.

Bajo ninguna circunstancia puede un capitán, un miembro de un grupo, o inclusive yo mismo, iniciar una activación angelical por nuestro propio deseo. En otras palabras, las activaciones deben flotar de la cabeza de la iglesia. El pastor o la cabeza espiritual de su iglesia debe iniciar este ministerio. Los ángeles no trabajarán en un ambiente rebelde. Ellos son requeridos por Dios a respetar la autoridad que está en una iglesia, inclusive si las personas en autoridad han escogido no prolongar el reino de Dios en esta materia.

¿Puedo yo venir a una iglesia local y ayudar a iniciarla dentro del reino angelical? Sí, pero, solamente si los líderes están de acuerdo con eso. De otra manera, Dios tendría que contradecir todo lo que Él nos ha enseñado en la Palabra acerca de autoridad. No estoy diciendo que los miembros individuales o ciertos líderes no tengan encuentros angelicales. Dios trabaja en las vidas individuales en Su propia forma soberana. Pero si el cuerpo corporado de una iglesia desea entrar dentro de este ministerio y experimentar esta faceta del reino de Dios cotidianamente, ellos deberán someterse al proceso de Dios.

El Ministrar con los Ángeles

Capítulo 12

ESTIMANDO EL COSTO

"Si alguno viene a mí, y no aborrece a su padre, y mujer, e hijos, y hermanos, y hermanas, y aún también su propia vida, no puede ser mi discípulo. Y el que no lleva su cruz y viene en pos de mí, no puede ser mi discípulo. Porque ¿quién de vosotros, queriendo edificar una torre, no se sienta primero y calcula los gastos, a ver si tiene lo que necesita para acabarla? No sea que después que haya puesto el cimiento, y no pueda acabarla, todos lo que la vean comiencen a hacer burla de él, diciendo: Este hombre comenzó a edificar y no pudo acabar... Así, pues, cualquiera de vosotros que no renuncia a todo lo que posee, no puede ser mi discípulo."

-- *San Lucas 14:26-33*

Me gustaría volver a enfatizar que el proceso de Dios empieza con Sus líderes. Mi señor pastor y yo hemos pasado a través de las pruebas más increíbles y también de refinamiento. Al momento que pensábamos que Él ya había terminado, Dios nos traía más refinamiento. Hemos aprendido que esto es un proceso de toda la vida que requiere una intima relación con Dios de día a día. Dios no va a confiar en personas que no han sido probadas o en sus recipientes que no han sido probados con esa gran responsabilidad.

Dios quiere personas quienes estén totalmente sometidas a Él. Si su iglesia esta llena de buenas personas las cuales dan sus diezmos, eso no es suficiente. Si sus miembros han sido cristianos por 30 años o más, eso no es suficiente. Dios esta buscando una iglesia que pague el precio. Una iglesia que pueda morir a sus programas y tradiciones y como un cuerpo corporativo busque fuertemente al corazón del Padre. Estamos hablando acerca de cambios mayoritarios, el parar todo y enfocarnos en encontrar qué es lo que Dios tiene como propósito, estimado pastor o lector, en su iglesia.

El más grande de los retos para muchos pastores vendrá de la mesa directiva o de los más viejos miembros de la iglesia. Usted debe tomar en cuenta que no todas las personas correrán a abrazar este ministerio. Cuando el enemigo viene a causar divisiones y pugnas dentro de su iglesia, como pastores y líderes ustedes rápidamente descubrirán cuán fuertes son en el espíritu, y cuán determinados están para permitir que el reino de Dios venga.

Dios no estaba muy contento con cómo estábamos conduciendo nuestra iglesia. Él no pensaba que necesitábamos todas las maravillosas rutinas que nosotros proveíamos. Dios tenía una lista de cambios que Él quería que hiciésemos. En la cumbre de la lista estaba un enfoque en la oración y en la adoración. Las prioridades de Dios para nuestra iglesia fueron la primera área de ataque del enemigo que empezó a causar pugnas y divisiones.

No obstante, cuando usted se para ante Su trono y trata de decirle al Señor cuán imposibles son esos cambios drástico son por realizar, no espere que le compadezca. ¡A Dios no le gustan las excusas! El Santo Padre juzgará su corazón y sus deseos y lo encontrará deficiente. Él quiere que usted lo persiga a Él con todo su corazón.

¿Qué pasa si es el deseo de los líderes el perseguir las prioridades de Dios pero no es el de los feligreses? ¡Es el tiempo de decidirse! Nuestra decisión nos costó dos terceras partes de nuestra congregación en un periodo de cuatro años. Sin embargo, hoy estamos unidos y tenemos un enfoque básico…el corazón del Padre. No tenemos otra meta en nuestra iglesia. No tenemos campañas de evangelización pero se ha pasado por todas las modificaciones que el Padre nos pidió. Nosotros ministramos a nuestros niños y adolescentes o jóvenes, pero ahora en lugar de entretenimiento les conducimos a la intimidad con el Padre. Les enseñamos a orar, el evangelio, el discernimiento, y a ministrar con los ángeles. Dios quiere que nuestras rutinas tengan Su huella en todos ellos. Los varios departamentos de nuestra iglesia funcionan como una parte del todo, apoyando el propósito de Dios en nuestra iglesia. Nuestros niños y jóvenes están aprendiendo cómo fluir en las cosas del reino de Dios igual que los adultos.

Dios quiere relacionarse con una iglesia en la pequeña comunidad en una forma más directa. Algunas iglesias se modelan siguiendo a otra iglesia o funcionan como un títere de una gran organización. Dios quiere hablar directamente con el pastor de cada iglesia y revelar Sus prioridades para ese cuerpo específico de creyentes. Él esta llamando a Su iglesia a Su corazón. Dios quiere gobernar a cada congregación individual Él mismo, y Sus prioridades sobrepasan las estructuras de denominaciones.

La denominación a la cual nuestra iglesia pertenece, siempre ha dado a la asamblea local la latitud y la autoridad para tomar sus propias decisiones. Esto ha trabajado maravillosamente para nosotros, pero su situación

quizá sea bastante diferente. Sin embargo, cada iglesia necesita evaluar su curso actual. ¿Está su iglesia dirigida por diferentes programas, preferencias de miembros y tradiciones…o por Dios? Una vez que conteste a esta pregunta, pregúntele usted a Dios qué se necesita hacer para obtener el curso. Esto requerirá que su congregación ayune y ore acerca de las necesidades que deberán ser prioritarias.

El Señor no desea que la Iglesia continué con sus negocios como siempre. Cristo quiere con desesperación que Su esposa tenga su oído en Su corazón. Él desca transformar a nuestras iglesias y darnos nuevos odres.

El Ministrar con los Ángeles

> *"Ni echan vino nuevo en odres viejos, de otra manera los odres se rompen, y el vino se derrama, y los odres se pierden, pero echan el vino nuevo en odres nuevos, y lo uno y lo otro se conservan juntamente."*
>
> -- *San Mateo 9:17*

Ambos, las iglesias y los individuos son requeridos de quitarse lo viejo para estar listos para lo nuevo. Al convertirnos en iglesias proféticas, no solamente oiremos de Sus propósitos pero también los declararemos.

Hay muchas iglesias que entrarán dentro de una dimensión más profunda del reino de Dios. Algunos de ustedes, pastores, ya han oído de Dios acerca de este tema. Otros oirán de Dios muy pronto, de hecho, algunos de ustedes están oyendo Su voz inclusive mientras están leyendo estas palabras. Lo que necesita hacer su iglesia es empezar a orar y a buscar al Señor con una pasión renovada. Este es el tiempo perfecto de Dios.

Ni nuestra iglesia, ni sus líderes están interesados en ganar unos seguidores. El revelado propósito de Dios para nosotros es ser un catalista que está entusiasmando a los santos de alrededor del mundo a pararse dentro de lo más completo del Reino de Dios. ¿Puede lo que Dios ha logrado en nuestra iglesia, ser obtenido también en la suya? ¡Sí! Nosotros le ofrecemos nuestra muy dispuesta oferta de ayuda y nuestras oraciones.

Capítulo 13

¿UN SERVICIO "TÍPICO"?

"¿No son todos espíritus ministradores, enviados para servicio a favor de los que serán herederos de la salvación?"

-- *Hebreos 1:14*

¿A qué grado podemos nosotros esperar que los ángeles se envuelvan en nuestras vidas y en nuestros ministerios? Uno de los más grandiosos evangelistas de sanidad de los treinta a los cincuenta del siglo pasado fue William Branham. Branham tuvo experiencias increíbles ministrando con los ángeles. Sus servicios de sanidad fueron caracterizados por visitaciones angelicales. Él hablaba hasta que el ángel de Dios se aparecía y entonces empezaba a orar por las personas bajo una poderosa, profética unción sanadora. El ángel le daba la vital información (palabras de sabiduría) acerca de las personas a quienes él estaba ministrando. A veces, Branham tenía visiones mientras ministraba a las personas. Igualmente he experimentado que cuando los ángeles están alrededor, ambos, las palabras de sabiduría y las revelaciones, aumentan. Branham solamente es uno de muchos grandes hombres y mujeres de Dios quienes han ministrado con los ángeles. Kathryn Kuhlman, John G. Lake[13], Maria Woodworth-Etter[14] y otros también se han movido en este sorprendente y poderoso ministerio.

Yo creo que esas unciones angelicales pronto influenciarán los servicios de adoración y la predicación. En la adoración, oímos que las

El Ministrar con los Ángeles

voces de los cantantes se elevan a un nuevo nivel de excelencia. Los ángeles podrían traer a aquellos sin habilidades para cantar las unciones para sonar como alguien quién ha tenido gran talento y entrenamiento. Los ángeles que tienen habilidades de unción en instrumentación traerán esas unciones a aquellos que nunca han podido tocar un instrumento musical.[15]

En la predicación, nosotros podríamos estar en algo realmente excitante. Los ángeles tienen increíbles habilidades cuanto se trata de predicar. El estilo de predicar podría cambiar de servicio a servicio dependiendo en el ángel específico que ha sido enviado con el mensaje para ese servicio. ¿Puede la influencia de un ángel ser manifestada en esa forma? Sí, se puede, quizás usted no ha notado nunca el verso de la escritura que habla de los ángeles predicadores.

> *"Vi volar por en medio del cielo a otro ángel, que tenia el evangelio eterno para predicarlo a los moradores de la tierra, a toda nación, tribu, lengua y pueblo,..."*
> *-- Apocalipsis 14:6*

La predicación misma no solamente será llevada a nuevos niveles de unción, pero los resultados serán increíbles. En el momento en que nosotros empezamos a predicar, los ángeles comienzan a moverse a través de la congregación ministrando a las personas. Un ángel podría obtener la atención del ministro y decirle a él o a ella que el Señor está listo para curar o para liberar a alguien. En el momento que las palabras salen de la boca del ministro o en el momento que los músicos empiezan a tocar sonidos de unción – los milagros pasarán. Esto es un trabajo de equipo de la más grandiosa clase y solamente requiere nuestra cooperación con los ángeles. Sería imposible predecir cómo los servicios van a fluir.

> *"El viento sopla de donde quiere, y oyes su sonido; más si sabes de dónde viene, ni a dónde va, así es todo aquel que es nacido del Espíritu."*
> *-- San Juan 3:8*

¿UN SERVICIO "TÍPICO"?

En una cruzada, cada servicio podría totalmente ser distinto del anterior al recibir a los diferentes ángeles enviados. Con el Espíritu Santo dirigiendo lo angelical y aquellos a cargo del servicio permitiendo humildemente que Él esté en completo control, pueden esperarse los más sorprendentes milagros de otro mundo y revelaciones de la gloria de Dios. Los ministros se convierten en facilitadores en el momento en que ellos dirigen a la audiencia a cooperar con lo que los ángeles que han sido soltados van a hacer.

¿Qué es eso de lo de imponer las manos? (Hebreos 6:2) Sí, eso seguirá teniendo lugar. Pero con las grandes conglomeraciones de personas formándose donde el Espíritu Santo se está moviendo, se necesitaría la ayuda de un equipo supernatural de ministros para poder atender a todos los que necesitan ser tocados. Jesús no puso sus manos en cada persona que Él sanó. La sombra de San Pedro estaba tan ungida que los que se paraban en ella eran sanados. (San Mateo 8:13, Hechos 5:15).

¡Cuando le permitimos completamente al Espíritu Santo que tome control de nuestros templos, mírenlo! Es posible que toda clase de cosas acontezcan.

> *"¿O ignoráis que vuestro cuerpo es templo del Espíritu Santo, el cual está en vosotros, el cual tenéis de Dios, y que no sois vuestros?"*
>
> *--1 Corintios 6:19*

El Apóstol Pablo dijo, "nosotros morimos cada día" (1 Corintios 15:31). Él no estaba hablando acerca de su espíritu, tampoco estaba hablando de su cuerpo físico. Estaba hablando de su alma. Dentro de la forma del alma está nuestro albedrío que puede aceptar o rechazar la influencia del Espíritu Santo. Así que, nosotros también podemos aceptar o rechazar la influencia de los ángeles enviados por Espíritu Santo. El propósito de Dios es que el Espíritu Santo esté en completo control de nosotros. Usted quizá esté pensando acerca de 1 Corintios 14:32 que dice, *"Y los espíritus de los profetas están sujetos a los profetas."* Esto es correcto y siempre estamos conscientes de que el Espíritu Santo está haciéndolo en y a través de nosotros. Podemos detener las obras del Espíritu Santo ya que Él no quiere "invadir" nuestros espíritus. Nosotros no somos títeres. Quizás no entendemos lo que Él está haciendo o no podemos poner juntas las palabras correctas para explicarlo, pero debemos aprender a cooperar con el Espíritu Santo. Podemos estar dispuestos a dar nuestros espíritus al control del Espíritu Santo y dejarlo a Él que nos dirija o podemos mantener nuestro control personal y resistir a que el Espíritu Santo se mueva en nuestras vidas.

Cuando la unción de la predicación le llegó al Apóstol San Pedro en el Día de Pentecostés, él se convirtió en otro hombre. Él predicaba con increíble poder y autoridad. Pedro hablaba como un hombre quien había tenido entrenamiento de rabino. Pedro no podía hacer lo que él estaba haciendo en lo natural, pero con la ayuda supernatural del Espíritu Santo subió más alto de sus habilidades y limitaciones naturales. Como resultado, tres mil personas fueron salvadas en su primer sermón "ungido".

Si estas unciones permanecen verdaderas en forma como en la intercesión, las habilidades supernaturales vendrán repentinamente y se irán cuando el ángel departa. La historia de Sansón nos ayuda a ilustrar esta faceta de estar bajo la unción. La fuerza de Sansón venía a él repentinamente y después de una grandiosa batalla para Dios, Sansón era otra vez como cualquier otro hombre. Algunos ministros quizás piensen con cierta arrogancia que la unción de predicar es un regalo suyo y no pueden tomar en cuenta que un ángel les está ayudando. Tengan cuidado, Dios no va a compartir Su gloria. La humildad es la llave para ministrar cualquier cosa de valor duradero en el Reino de Dios. Esto es especialmente verdadero al ministrar con los ángeles.

---

[13] Copeland, p. 139-140.
[14] Maria Woodworth-Etter, *Signs and Wonders* (Whitaker House, 1997), p. 350-351, 433.
[15] Copeland, p. 43-45.

Capítulo 14

PALABRAS PROFÉTICAS

> *"La palabra, pues, de Jehová les será mandamiento tras mandamiento, mandato sobre mandato; renglón tras renglón, línea sobre línea, un poquito allí, otro poquito allá"*
>
> *-- Isaías 28:13*

Debemos de ser cuidadosos en no limitar nuestras creencias acerca de los eventos de los últimos años a libros escritos por las generaciones pasadas. A través de la historia, Dios Se ha revelado a sí Mismo y nos ha revelado poquito a poquito Sus planes. Una de las razones por las que yo creo esto intensamente, es porque cada generación de profesores de la Biblia ha tenido un entendimiento y una explicación diferentes de lo que será en los últimos días. El Señor me dijo que será muy distinto de cómo se ha enseñado y pintado por muchos. Los Apóstoles San Pablo, San Juan, el Amado y San Pedro, todos hablan de que Dios continúa revelando cosas que no han sido entendidas por la iglesia en los tiempos pasados, concerniente el tema de los últimos días.

> *"Él respondió: Anda, Daniel, pues estas palabras están cerradas y selladas hasta el tiempo del fin. Muchos serán limpios, y emblanquecidos y purificados; los impíos procederán impíamente, y ninguno de los impíos entenderá, pero los entendidos comprenderán."*
>
> *-- Daniel 12:9-10*

El Ministrar con los Ángeles

Esto no tiene por intención una crítica severa de aquellos quienes han tenido destrezas especiales en la profecía de los últimos días. Todo lo que esto significa es que tenemos que escuchar lo que el Señor nos diga, día tras día, acerca de lo que va a venir. Los libros de Daniel y del Apocalipsis no nos dan un retrato hablado de todos los detalles de cómo serán los últimos días. Dios nos revelará los detalles contenidos dentro de estas Escrituras proféticas en Su perfecto tiempo. Es absurdo el tener confianza en las suposiciones de los hombres, solo porque queremos tenerlo todo descifrado.

> *"Inclusive el misterio que había estado oculto desde los siglos y edades, pero ahora ha sido manifestado a sus santos: ..."*
> -- *Colosenses 1:26*

El Señor nos traerá claridad para los pasajes de la escritura previamente malentendidos. Lo que Dios no quiere es el conocimiento de nuestras mentes humanas o las mejores conjeturas. Esto no bastará. Debemos esforzarnos para que las revelaciones frescas de la verdad del Espíritu Santo puedan ser traídas.

Pedro habla de la verdad presente, significando la verdad que Dios está revelando actualmente a la iglesia. Por ejemplo, al principio del siglo veinte, Dios empezó a revelarnos la verdad de 2,000 años de edad de hablar en lenguas. Esto no era una verdad "nueva" pero era una verdad del presente. Podría darle muchos más ejemplos en los pasados 100-años de cosas que siempre han estado en la Palabra de Dios, pero que solamente recientemente se pudieron entender, creer, y poner en práctica. El ministrar con los ángeles es una verdad presente para hoy.

> *"Por esto, yo no dejaré de recordaros siempre estas cosas, aunque vosotros las sepáis, y esteís confirmados en la verdad presente."*   -- *2 San Pedro 1:12*

Dios está muy cerca de renovar de manera drástica nuestras tradiciones y la estrecha forma de pensar que hemos tenido hasta el momento. Los americanos, especialmente los que van a la iglesia, son muy testarudos en sus opiniones. Multitudes de congregaciones dicen que ellos quieren un fresco mover de Dios, sin embargo, ellos solamente dan la bienvenida a eso si Dios se queda dentro de los perímetros de sus zonas de comodidad.

Por años, el cuerpo corporativo de Cristo ha estado orando para que el Reino de Dios venga. Esto será interesante si Su Reino viene en las iglesias a través de todo el mundo para ver si ellos lo abrazan o aceptan. Nosotros sabemos por las Escrituras que los caminos y pensamientos de Dios son totalmente diferentes de los nuestros.

"Porque mis pensamientos no son vuestros pensamientos, ni vuestros caminos mis caminos, dijo Jehová. [9]Como son más altos que vuestros caminos, y mis pensamientos más que vuestros pensamientos."

-- Isaías 55:8-9

Nosotros no podemos pedirle a Dios que venga y nos visite con Su presencia manifiesta y esperar sentirnos cómodos. ¡Esto no es posible! Si usted desea a Dios, eso quiere decir que debe querer que Su Reino venga también. En el Reino de Dios, los ángeles vienen primero para preparar el lugar donde Su presencia habita. Esto por si solo extenderá su concepción de cómo opera Dios. Por ejemplo, la mayoría de los ángeles viene y va, pero Dios ha colocado a ciertos ángeles en nuestra iglesia, ya, por varios años. Usted se encarará inclusive con un reto más grande cuando los ancianos de su iglesia, los patriarcas y los santos de años pasados empiecen a aparecer. Al establecerse en su iglesia diferentes aspectos de los cielos, su entendimiento de cómo trabaja el Reino de Dios se acrecentará.

Los ángeles serán instrumentos para entrar en el ministerio de liberación. Ahora yo entiendo lo que pasaba en ese día significativo en la habitación de mi hotel en Pensacola. Dios envió a un par de ángeles para quebrantar a los demonios que se habían adherido a mi persona. Por favor, entiendan, yo le había pedido a Dios que hiciese algo en mi

El Ministrar con los Ángeles

vida en ese viaje. El equipo de Brownsville había estado orando por mí y lo más importante, mi pastor estaba ahí orando por mí al mismo tiempo de que los ángeles me ministraban la liberación. Yo no tuve a nadie que me encaminara a través de mi liberación. No había nadie rompiendo las maldiciones de generaciones o confesándose de pecados específicos. Aunque creía en esos métodos de liberación, Dios en Su soberanía, me quitó a los demonios de la lujuria, la religión y la crítica. He sido libre desde entonces. Le doy la gloria a Dios, pero sé que los ángeles fueron los enviados de Dios para hacer el trabajo.

Hay una historia en el Nuevo Testamento acerca de una mujer quien tenía un hijo que necesitaba liberación (San Marcos 7:25-30). Jesús nunca fue donde estaba el niño. Él no interrogó a la madre para encontrar el porqué el niño tenía un demonio. Jesús no tenía que oír acerca de los detalles. Él simplemente le dijo a la mujer, ve a casa porque tu hijo ya ha sido liberado. ¿Quién liberó al niño? Jesús no estaba con el niño y mi espíritu me dice que no había nadie en ministerio ahí tampoco. ¿O había alguien? Quizás unos cuantos ángeles ministradores fueron enviados a liberar al niño.

¿Puede usted imaginarse la clase de ministerios que vendrán cuando Dios inicie completamente Su plan? El ministro necesitará sólo mirar cuando Dios a través de Sus ángeles, sane y libere a las personas. Si usted esta buscando crédito personal, este ministerio no es para usted. Cuando ministre con los ángeles le será obvio, que usted no será responsable de los resultados. Dios deberá recibir toda la gloria. ¡Él no la compartirá! Los ángeles viven y fluyen en este entendimiento y ellos no recibirán la gloria tampoco. Dios obtiene toda la gloria.

Muchas veces, los ángeles nos dicen cosas que cuando se dicen se convierten en palabras de conocimiento, de sabiduría o profecías. Esto es exactamente como opera el Espíritu Santo. Cuando un ángel esta hablando con usted, el Espíritu Santo está hablando con usted. Cuando un ángel le lleva a alguien a la muchedumbre y le da a usted algo en el espíritu para esa persona, eso es que el Espíritu Santo esta en operación.

PALABRAS PROFÉTICAS

No es que los ángeles estén repentinamente ocupados trabajando, ellos han estado haciendo el trabajo de Dios todo el tiempo. Esto es para lo que ellos fueron creados. Nosotros apenas estamos empezando a entrar en un entendimiento o revelación de que por cierto los ángeles están llevando acabo el mandato del Espíritu Santo, al trabajar el Espíritu Santo en la tierra.

Sé que es más fácil relegar a los ángeles a la posición de protectores, pero ellos hacen más que eso. Nosotros debemos ver la importancia de su ministerio en áreas tales como la sanidad, el don del Espíritu, las unciones, la liberación y la guerra espiritual. Lo que ellos estén haciendo ha sido ordenado por el Señor. Si seguimos sus direcciones, definitivamente eso nos mantiene en la voluntad de Dios. Para mí, esto simplifica mi parte en el ministerio.

Este nivel de interacciones activas con los ángeles está disponible para el cuerpo de Cristo. Sin embargo, no pasará en cada iglesia. El Señor nos ha enseñado que la medida de lo angelical dentro del cuerpo local depende de cuanto quieran los líderes de la iglesia participar fluidamente en esto. Dios no tendrá a los policías cuidadores o no tendrá a miembros de la iglesia operando con Sus ángeles si ellos están en alguna forma de rebelión en contra de los líderes de la iglesia. Los ángeles no trabajarán con ninguna persona que esté operando en rebelión. Para que este ministerio funcione en nuestras iglesias, el pastor, los líderes y los ancianos de la iglesia deben estar unidos y en sumisión a lo que Dios esta haciendo a través de Sus ángeles. Dios no lo haría de ninguna otra manera. Los ángeles fluyen a través de la cabeza de la iglesia, a través de los otros líderes y luego dentro de la congregación. Los líderes de la congregación necesitan recibir instrucciones antes de empezar a lanzarse dentro de este ministerio. Uno de los mandatos que Dios nos ha dado es ayudar a otros en esta transición.

¿Qué pasa si un pastor o un líder no quieren fluir en el ministrar angelical? Lo siento mucho, pero no pasará en su iglesia. La cabeza deberá estar en completa sumisión a Dios. Los ángeles no serán

El Ministrar con los Ángeles

soltados dentro de la congregación hasta que el liderazgo se haya sometido al Señor. Un pastor no puede pedir esta unción en su iglesia sin ser personalmente muy afectado por eso. Ellos tienen que lanzarse al río antes de que la congregación lo pueda hacer también.

El ministrar angelical así como el Espíritu Santo deben ser bienvenidos. Si se rechaza a los ángeles, entonces el completo envolvimiento del Espíritu Santo en su iglesia será afectado. Si no se le permite venir en Su completa entrega, entonces Él esta sufriendo. Él no impone a fuerzas Su ministerio en ninguna iglesia.

¿Qué hace usted si su pastor o líder no quiere tener nada que ver con lo angelical? Número uno, ore por sus líderes. Sea paciente y no trate de causar ninguna rebelión dentro de su iglesia. Dios hablará a Sus pastores. Ellos oirán de Él y harán una elección. La clave es que sean capaces de escuchar a Dios. Una vez que ellos hayan tomado su decisión en que si quieren o no invitar a venir al Reino de Dios, entonces usted puede tomar su decisión. Si ellos deciden que eso es demasiado costoso o demasiado absurdo, entonces usted tendrá que preguntarle al Señor, si puede cambiarse a otra iglesia que esté moviéndose en esta área angelical.

Esté advertido, Dios quizás requiera que usted se quede y ore por su iglesia. Nosotros decimos que daremos nuestras vidas por el Evangelio cuando en realidad queremos decir que daríamos nuestras muertes. ¿Dejaría usted sus deseos de ministrar con los ángeles para llevar a cabo los propósitos de Dios en su iglesia? ¿Estaría dispuesto a quedarse donde Él le ponga a usted? NO murmure, no chismee, no se queje, o trate de empezar una "sobre dosis" para influenciar a su pastor. En lugar de eso usted deberá ser lo suficientemente serio para orar y ayunar. La contestación a sus oraciones puede tomar años. Usted no puede formular límites de tiempo en lo pertinente a Dios y usted no podrá ayudarle a Él tratando de darle un empujón al proceso. Confíe en mí, si esto es la voluntad de Dios para su iglesia Él lo va a conseguir.

PALABRAS PROFÉTICAS

Parte del precio que debe ser pagado por invitar al Reino de Dios a venir, es la crítica que usted recibirá. A la mayoría de la gente, no le gusta el cambio e inclusive mucho menos les gusta hablar acerca del Reino sobrenatural. Habrá una diferencia significativa en el poder de Dios manifestado en las iglesias que han permitido que el Señor haga lo que Él quiere en su congregación. Una vez que el reino de Dios empieza a quedarse en una iglesia, el pastor y los líderes necesitan informar a la congregación de lo que está teniendo lugar dentro del reino del espíritu e instruirles en cómo cooperar con los ángeles. Muchos en la congregación se sentirán muy incómodos cuando usted empiece a hablar abiertamente acerca del reino supernatural.

Desgraciadamente, fue nuestra experiencia: cuando usted se asocia con Dios y Sus Ángeles su iglesia empieza a tener problemas internos. El enemigo peleará hasta la muerte para no dejarle adelantarse en esos nuevos reinos del espíritu. Usted quizás compruebe que sus mejores amigos o los miembros de su familia se dividen a causa de la dirección que su iglesia está tomando. Cada uno de los que son tibios o no están completamente comprometidos dejarán la iglesia o se quedarán y causarán peleas. El invitar al Reino de Dios a venir no es necesariamente un camino para que su iglesia crezca. De hecho, en los últimos cuatro años, nuestra iglesia ha perdido dos terceras partes de sus miembros.

Usted quizás recuerde que Jesús perdió a muchos de sus discípulos cuando Él les enseñó "los dichos duros".

> *"Desde entonces muchos de sus discípulos se volvieron atrás, y ya no andaban con él. Entonces dijo Jesús, ¿Queréis acaso iros también vosotros?"*
> -- *San Juan 6:66-67*

Otros ejemplos incluyen al ejército de Gedeón que Dios puso a prueba y de 32,000 quedaron 300 (Jueces 7: 3, 6) y a los discípulos que esperaron en el Aposento Alto el cual tenía 500 al principio y

El Ministrar con los Ángeles

solamente 120 en el Día de Pentecostés (1 Corintios 15:6; Hechos 1:15).

Para nosotros, eso ha sido tener un compromiso total con los propósitos de Dios. No hay excepciones, o lo hacemos a Su manera o Dios no se queda. Él está haciendo la edificación, aunque la mayoría de lo que Él está construyendo no se puede ver con los ojos de la carne. Solamente, nosotros estamos cooperando y estamos de acuerdo con Él para lo que Él quiere que pasa en nuestra iglesia y en la ciudad. Él hace todo en Su propio tiempo. Nosotros no nos movemos hasta que Él da la luz verde. Eso es muy lento, mucho más despacio que lo que nosotros pensamos que debe de ser. Usted o aprende a tener paciencia o lo deja por frustración. Dios está decidido a cambiar la velocidad en usted una vez o dos para ver si usted está dispuesto a cambiar las cosas. Él lo hará en usted a pesar de lo que esté haciendo aún si es bueno o de beneficio, sólo para ver si usted obedece. Él no desea que nos conformemos con las tradiciones o patrones que no pueden ser dejados en un momento de aviso. Él quizás retire Su presencia por un tiempo para ver si usted continua buscándole a Él con la misma pasión que tenía cuando Su unción era tan grande.

¿Por qué la presencia y el ministrar de los ángeles causan tal disturbio? Probablemente que hay varias razones. Por un lado, cuando los ángeles vienen se intensifica la unción de la intercesión. Si a las personas no les gusta orar o escuchar del pastor que ellos deberían orar, entonces habrá problemas. Cuando los ángeles vienen a ayudar en una intercesión muchas cosas pasan. Habrá voces extrañas, oración en alta voz, extraños lenguajes y sonidos, y las suficientes manifestaciones físicas extrañas. No estoy solamente hablando de una variedad de manifestaciones temblorosas. Hay muchas cosas incómodas que suceden y usted debe considerar el potencial de su caída antes de que invite al reino de Dios en su totalidad.

Cada programa, actividad, costumbre y tradición debe ser sometida a la tabla de cortar de Dios. Por ejemplo, el Señor quizás le diga que cancele una de sus rutinas favoritos, quite los himnos o quizás el órgano. Dios no está atado a esas cosas como estamos nosotros. Nuestra iglesia ha quitado el órgano pero no los himnos. Lo que hay es que necesitamos abrirnos más a los nuevos cantos del Señor.

Los cortes de Dios pueden hacerse muy profundamente. El Señor quizás movilice a sus líderes y miembros afuera de su iglesia. ¿Cuándo usted escucha quejas de la gente, seguirá usted obedeciendo a la voz del Señor? Él no tendrá personas alrededor que hagan comentarios o críticas de lo que Él está haciendo.

Nosotros nunca hubiésemos soñado con las configuraciones de equipos ministeriales que el Señor ha diseñado. Hoy, nuestro equipo de adoración está constituido por muchos adolescentes. ¿Puede su congregación danzar? ¿Tienen la libertad de la profecía? ¿Tiene permiso Dios de hacer cualquier cosa que Él quiera en su iglesia?

Estas cosas no quieren decir o significan que el reino de Dios ha llegado. Así que no trate usted de obtener que Dios venga al remover los himnos o empezar un equipo de danza. Dios sabe y pondrá Su dedo en esas áreas que están obstaculizando en su congregación de decir verdaderamente y en realidad sentirlo: "¡Lo que sea que me pidas Dios, lo haré!"

¿Ha estado usted pasando muchas horas organizando y dándole forma a programas que sean apropiados para su congregación? ¿No pueden ser estos programas negociables? El razonamiento del hombre es lo que ha hecho nacer la mayoría de los programas dentro de nuestras iglesias. Dios está pidiendo que consideremos poner en los estantes nuestras formas y planes antiguos y adoptar Sus formas. Esto quizás parezca imposible. Si usted es un líder, necesita orar y pedirle a Dios si su iglesia puede hacer esta transición...o podríamos decir transformación. Dios no quiere que juguemos con los programas y estructuras de nuestras iglesias. Él desea que los eliminemos y empecemos otra vez. ¿Puede una iglesia sobrevivir a este proceso? Solamente si está comprometida con los propósitos de Dios. Yo nunca podría ser otra vez parte de una iglesia que no tiene esa clase de compromiso. ¿Cuál es el propósito de cada iglesia? Para ver "Su reino venir y Su voluntad hacerse." Hemos orado por eso por mucho tiempo, ahora parémonos dentro de Su reino.

A su tiempo, los ángeles estarán influenciando los servicios de adoración, los sermones, la evangelización, y estarán trayendo los milagros. El Señor está quitando el velo de nuestros ojos. ¿Será usted uno de los que tenga el privilegio de estar asociado con Dios para ver ocurrir cosas fenomenales?

¿Ministrará usted con los ángeles?

> *"El que tiene oído, oiga lo que el Espíritu dice a las iglesias."*   *-- Apocalipsis 3:22*

www.ingramcontent.com/pod-product-compliance
Lightning Source LLC
Chambersburg PA
CBHW050645160426
43194CB00010B/1814